アイデアの科学

この1冊で、ひらめきや発想から企画書、説得まで「論理的に」解決

ポーポー・ポロダクション

≡ SB Creative

著者プロフィール

ポーポー・ポロダクション

「人の心を動かせるような良質でおもしろいものをつくろう」をポリシーに、遊び心を込めたコンテンツ企画や各種制作物を手がけている。色彩心理と認知心理を専門とし、心理学を活用した商品開発や企業のコンサルタントなどもおこなう。著書に『マンガでわかる色のおもしろ心理学』『マンガでわかる色のおもしろ心理学2』『マンガでわかる心理学』『デザインを科学する』『マンガでわかる恋愛心理学』『マンガでわかる人間関係の心理学』『マンガでわかるゲーム理論』『マンガでわかる行動経済学』(サイエンス・アイ新書)、『自分を磨くための心理学』『今日から使える!「器が小さい人」から抜け出す心理学』『パンダ先生の心理学図鑑』(PHP研究所)、『「色彩と心理」のおもしろ雑学』(大和書房)などがある。
http://www.paw-p.com/

本文デザイン・アートディレクション:クニメディア株式会社
イラスト:ポーポー・ポロダクション
校正:青山典裕、曽根信寿

はじめに

　なんとなく頭の中にイメージはあるけれど、相手に伝えられない。浮かんだアイデアを具体的に説明しようとすると消えてしまう。そもそもアイデアをうまく形にできない…。

　頭の中でイメージしたアイデアを表現したり、伝えたりすることは難しい。

　これは企画、デザイン、サービスなど、アイデアを作る仕事をしたことがある人なら、誰もが一度は感じることであろう。自分の仕事とは関係がないという人でも、友人や家族を喜ばせるために旅行を計画する、イベントを考えるなど、アイデアを出す作業には、多くの人が共通の悩みを抱えている。そのため、世の中にはアイデアを作り、説明する方法を解説した本が多数ある。

　しかしそれらの本の多くは、企画の世界で活躍して成功された方が、経験則を中心にまとめたものである。そこから多くのことは学べるが、一般の人がそのままマネをしても、できるかどうかはわからない。また、科学的な根拠が不足していて、「なぜそうなるのか」が理解できず、半信半疑で進めなくてはいけないこともある。

● **本書の特徴**

　そこで本書は、おもに脳科学と心理学という科学的な視点で、アイデアを「作る」こと、よりよいものとして「魅せる」こと、そして相手にうまく「伝える」ことを目的としてまとめている。思考のメカニズムにそってアイデアを生み出し、目的に応じて人を動かす、心理テクニックを詰め込んだ。

　アイデア作りの初心者でも簡単に理解できるよう、専門的な話はできるだけかみ砕いて解説している。また中級者、上級者の方が読んでも新しい発見や深い知見が得られるようなテクニックも多く集めた。わかりやすくて簡単に読め、でも読み終えたときには深い知識と使える技が得られているはずだ。たとえば「この見せ方がよい」というところでやめずに「どうしてこの見せ方がよいのか」というところまで、できるだけ踏み込んで書いている。

● **この本を書く経緯**

　本書の著者、ポーポー・ポロダクションは、心理学の知見を使って、色々なものを作ったり、企業の商品、サービスを改善したり、アドバイスしたりする仕事をしている。様々な場所で、多くの人が、アイデアのことで困っている現場に立ち会ってきた。

　たとえばカーデザイナーを志す学生たちは、頭の中にとても斬新で面白い車のアイデアを持っているのだが、それをうまく表現する方法を知らずに苦しんでいた。テ

レビ局で視聴者を増やす支援業務をしている人たちは、今後ターゲットになる視聴者層を分析できていても、その層を引きつける表現方法に悩んでいた。またある開発メーカーでは、素晴らしい商品の企画ができても、その素晴らしさをうまく社内で説明できずに困っていた。

こうした現場をたくさん見てきて、アイデアを「作る」「魅せる」「伝える」ことが必要と考え、経験則に留まらず、もう一歩踏み込んだ本を作ることにした。

成功者の方法を検証し、一般的に定説とされていることの根拠を探し、脳科学と心理学を結んだ。仮説を立てて立証していくなどの作業もおこなった。そして根拠があるもの、もしくは類似効果から同一の効果があると強く推測できるものをまとめている。

個人差があるものもあり、すべての人が納得して大きな効果が出るものばかりではないが、この知識を持っているのと持っていないのでは、アイデア作りに大きな差が出る。この本を活用し、自分に足らない部分は補完し、強い部分はより強化してほしい。

また本書では、頭に花をつけたサルがナビゲートをしてくれる。彼らは感情を頭の花の色で表現する「ミホンザル」と呼ばれるサルである。彼らと共に1つ上の生命体に進化することを目指したい。ミホンザルたちの協力に感謝しつつ、アイデアの「ヒミツ」に迫っていこう。

ポーポー・ポロダクション

アイデアの科学

この1冊で、ひらめきや発想から企画書、説得まで「論理的に」解決

CONTENTS

はじめに ……………………………………… 3

序章 アイデアの謎 …………………… 9
アイデアはいつ生まれるのか …………………… 10
アイデアは頭の中でどうやって作られているのか …………… 14
アイデアを出すための効率的なプロセス …………………… 18
column 拒絶したらそこで終わってしまう …………………… 24
column 「ひらめき」と「直感」 …………………… 26

1章 アイデアを「作る」ための基礎トレーニング …………………… 27
記憶に感情のインデックスをつける …………………… 28
記憶を取り出しやすくする …………………… 30
「メモ」をあなどってはいけない …………………… 32
覚えたらすぐ寝る …………………… 34
新製品や不思議なものに興味を持て …………………… 36
根拠がなくても自信を持て! …………………… 40
泣ける映画をたくさん観る …………………… 42
笑いに敏感になる …………………… 44
武器を持つ? いや武器に毒を塗ろう …………………… 46
この弱点だけは直す …………………… 48
大人の「秘密基地」を作れ …………………… 50
戦う前に勝つ方法 …………………… 52
「気づき」と創造性 …………………… 54

2章 アイデアを「作る」技術 …………………… 55
アイデアを出す前に設計図を作る …………………… 56
5つの基本アイデア術と論理的フレームワーク …………………… 60
基本1 「足す」 …………………… 62
基本2 「引く」 …………………… 66
基本3 「誇張する」 …………………… 67
基本4 「変換する」 …………………… 68
基本5 「崩す」 …………………… 69
その他の基本アイデア術 …………………… 70

サイエンス・アイ新書

問題点を全部出し、改善策を作る	74
なぜなぜ分析	78
1人ブレインストーミング	80
仮説思考	82
ロジックツリー分析	84
モノになってみる	86

3章 アイデアを「考えない」技術 87

6つの基本的な直感促進術と
直感的フレームワーク … 88

基本1 「歩く」	90
基本2 「お風呂に入る」	92
基本3 「寝る」	94
基本4 「ノート・雑誌・漫画・書籍を見る」	96
基本5 「話を聞いてもらう」	98
基本6 「お酒を飲む」	100
セレンディピティ誘発法	102
アイデアしりとり	104
[column]「リラックス」と創造性	106

4章 アイデアを「整理する」企画術 107

アイデアを「企画」に昇華させる	108
アイデアの「背景」を確認する	110
アイデアは「コンセプト」にそっているか？	112
アイデアはいくつ必要か？	116
[column] コンセプトを設定する際の参考資料	118

5章 アイデアを「魅せる」まとめ方 119

企画書・提案書にまとめる	120
企画書フォーマット	122
表紙には顔を使う	130

SB Creative

CONTENTS

タイトルは「ショート・インパクト」 ……… 132
文章は「である」で魅せる ……… 134
魅せる文章は「短い」 ……… 136
認知スピードを上げる「ブロック編集」 ……… 138
企画書は結論を先に「魅せる」 ……… 140
記憶に残る「色」で魅せる色彩戦略 ……… 142
囲んで作る「説得力」 ……… 144
通したい案は「左上」 ……… 146
説得は「アンケート」を使え ……… 148
あえて「デメリットも出す」 ……… 150
魅せる企画書チェックリスト ……… 152
企画書・提案書の例(1枚企画書) ……… 154
推敲の勧め ……… 160

6章 アイデアを「伝える」心理術 ……… 161

この準備をすれば緊張しない ……… 162
担当者を「味方に引き入れる」 ……… 166
効果的なスライドの準備 ……… 168
最初に「あらすじ」、最後に「まとめ」 ……… 170
「比較」と「視覚」をうまく使え ……… 172
「やわらかい断定」が効果的 ……… 174
「繰り返し」と「沈黙」 ……… 176
プレゼン中はうなずく人を「厚めに見る」 ……… 178
わかりやすさは「捨てる」ことと「つなぐ」こと ……… 180
「情熱」がプレゼンを動かす ……… 182

あとがき ……… 184
参考文献 ……… 186
索引 ……… 187

序章

アイデアの謎

　そもそもアイデアは頭の中でどのように作られるのか？　できたアイデアを相手に説明するとき、どうすればよく伝わるのだろう？　序章ではアイデアが脳内で作られるメカニズムや、相手に伝えるまでの最適なプロセスを解説する。

アイデアはいつ生まれるのか
~アイデアが生まれる場所①~

　私たちは日々色々な問題に直面する。問題解決の方法を考える仕事をしている人だけでなく、一般の人も毎日色々な判断を求められ、アイデアを生み出していかなくてはならない。アイデアとは問題を解決する方法であったり、新しい着想（考え方）だったり形だったりする。こうしたアイデアが必要な場合、あなたはどうやって出しているのだろう？　ひたすら考えるのがよいのか、それとも刺激を求めてどこかに行くべきなのか…。

そもそもアイデアはいつ頭に浮かんでくるのだろう？

　最初に、あるジャンルで成功した人、歴史に名を残す著名人たちがどのようにアイデアを作っていたかを見てみよう。実際にアイデアを出した方法を見ることで、アイデアを生むメカニズムに迫っていきたい。

　まずは高校の化学で登場し、最近は土壌の汚染問題などでも耳にするベンゼン。炭素と水素が組み合わさった単純で基礎的な化合物であるが、その形状は発見からしばらくの間、不明だった。ドイツの科学者アウグスト・ケクレはベンゼンの構造を探っていたが、いくら考えてもわからなかったと言う。だがある日、ケクレは自分の尾をかんで回転するヘビの夢を見る。それがきっかけで、6個の単結合と二重結合で環を作っている構造、つまりベンゼンの形状を思いついた。多少、脚色されて伝わっている可能性はあるが、このように夢をヒントにひらめきが生まれることは多い。

序章 アイデアの謎

ケクレは夢の中で回転するヘビからベンゼンの形状のヒントを得た

　発明家のエリアス・ハウは、穴の開いた槍を持つ戦士の夢を見て、実用ミシンを作った。その構造は今のミシンにも引き継がれている。またイギリスの作家、ロバート・ルイス・スティールも、夢の中で二重人格のもとになる話を見て、『ジキル博士とハイド氏』を書いたと言われている。天才画家のサルバドール・ダリは、非常に短い昼寝をして着想を得ていたとされる。ノーベル物理学賞を受賞した湯川秀樹博士も、睡眠中に原子構造をひらめいた。そしてビートルズの大ヒット曲『Yesterday』も、ポール・マッカートニーの夢の中で作られたと言う。

　科学者、画家、医師、音楽家、様々な著名人が、発明や発見を夢の中でしている。どうやらアイデアを思いつくことと「夢」は何か関係がありそうだという仮説が立つ。

ハウは夢の中で槍を持つ戦士の夢を見て実用ミシンを作った

アイデアはいつ生まれるのか
~アイデアが生まれる場所②~

続いてアップル社の共同創設者であり実業家として名高いスティーブ・ジョブズ。彼はアイデアを生み出したいとき、考えをまとめるときは散歩をした。またFacebookの創設者であるマーク・ザッカーバーグも散歩をしながらミーティングすることを推奨している。『The New York Times』によると、ザッカーバーグはヘッドハンティングの相手と散歩をしながら、Facebookに参加するよう口説いたそうだ。さらに芸術の分野でも、ベートーヴェンは散歩からインスピレーションを得ていたと言われる。彼は雨が降っても帽子もかぶらずに散歩に出かけた。成功者たちは散歩をしている最中に多くの人の心を動かす作品を生んできたようだ。

ジョブズは散歩をしながら色々なアイデアを得ていた

風呂で発想をあたためた人もいる。世界的ベストセラー作家であるアガサ・クリスティは風呂で硬いものを食べながら小説のトリックを考えていたと言う。また風呂と言えば、アルキメデス。

序章　アイデアの謎

彼も気晴らしに入ったお風呂でお湯があふれるのを見てアルキメデスの原理を発見した。また武田信玄は、厠（トイレ）にこもって作戦を考えることが多く、一晩中こもっていたという逸話も残っている。

・寝ながら夢で見る
・散歩する
・風呂やトイレに入る

　まとめてみるとこんな感じだ。もちろんもっと多くの著名人が色々なやり方で発想やアイデアのヒントを得ている。今回紹介したこの3つの方法は、ごく一部である。そしてこの3つは一見、バラバラに思えるが、実はある1つの共通項を持っている。
　それは、アイデアを生み出さなくてはならない場合、机上でひたすら考えて絞り出すのではなく、「寝る」「散歩する」「風呂に入る」といった直接考えることとは違う行動をしたということである。ここに1つ、アイデアが生まれる仕組みを知るうえでのヒントが隠れている。
　とりあえず、アイデア作り以外のことをしてみるという方法を知っていただき、次項から、アイデアが生まれる頭の中をのぞいていこう。

アイデアは頭の中でどうやって作られているのか
～「論理」と「直感」、2つのシステム①～

では、アイデアは頭の中でどうやって作られるのだろうか？

アイデアを考えているとき、脳内では複雑なプロセスがおこなわれていて、簡単には説明できない。脳科学の研究分野ではアイデアを生み出すメカニズムに関して色々な研究が進んでいるが、相反する実験結果、様々な説が存在する。まだハッキリとした答えが出ていないものの1つだ。

本書は脳内のメカニズムを詳細に解説するものではないが、アイデアを生んだり伝えたりすることを、心理学と脳科学の知見から端的に説明していこう。そこで有力なのが「アイデアを出すプロセスには、2つの回路が関係している」という考えである。

- 論理的システム
- 直感的システム

1つは論理的なアプローチからアイデアを出そうとするシステム。もう1つは直感的なアプローチからアイデアを出そうとするシステムである。

この2つのシステムは、ともに脳内の「記憶」が大きく関係していることがわかっている。「アイデアを出そう」と頭を使っているときと、何かを「思い出そう」としているときに、脳は非常に似ていることをやっている。記憶は側頭葉などの大脳皮質にたくわえ

られており、脳の司令塔である前頭葉の指令によって引き出される。引き出された情報は、色々なものと「比較」のうえ判断されている。そして最終的に「使える」「使えない」「よい」「悪い」など、その場合に応じて様々な判断をおこなっている。

「使える」と思うと次のステップに進み、「使えない」と思うと新しい記憶データを再び記憶の中に取りに行くのである。「そのまま使えそう」と思われると、アイデアはそのままで使われることがある。何かしらの理由でそのまま使えない場合は、「合成」「誇張」「置換」などのアレンジが加えられ、形を変えて新しいアイデアとして生まれていく。これが論理的システムの概要である。

論理的システムの概要

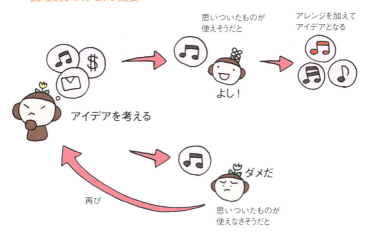

アイデアは頭の中でどうやって作られているのか
~「論理」と「直感」、2つのシステム②~

　論理的システムでの作業は、非常に労力がかかる。特に比較するものが多いと、脳には大きな負担となる。私たちは何でも比較するくせに、比較対象の量が多くなると、考えることを放棄してしまう傾向がある。比較するものがバラバラで感性的なものなど統一感がないものは、特に比較を放棄しがちだ。

　すると思考が近道を通り、分析の工程を飛ばして直感的に判断することがある。これが直感的システムである。

　この直感的システムは衝撃的でダイナミックだ。別のことをしているときにアイデアがふっと浮かぶこともある。これは私たちが意識として感じている表層意識ではなく、深層意識から送られてくる情報だと考えられる。直感は突然現れるので、天から降ってきたように感じる。しかし残念だがそうではない。無意識に使われている、単なるシステムの1つでしかない。

　ここまで読んでいただけると賢明な読者はピンときたはずだ。本章の冒頭で説明した「寝る」「散歩する」「風呂に入る」といったことで直感的システムは開くことがある。この回路には個人差があり、回路の太い人と細い人がいる。ただこの太さは鍛えられるので安心してほしい。本書の1章でその鍛え方を解説している。

　さて、よくデザインや音楽の世界では「マネをした」「マネをしていない」といった議論になる。この話は、アイデアのプロセスから言ったらナンセンスである。基本的にすべてのものは過去の作品

序章　アイデアの謎

からのアレンジであり、はっきり言えば意識的なのか無意識なのかの違いがあるだけで、基本は「マネ」だ。

アイデアをゼロから生み出している人は存在しない。

　ゼロから何かを生み出したと思っている人は、そう勘違いしているだけなのである。アイデアの正体は、既存のアイデア（情報）をアレンジしたものにすぎない。問題は「マネをしているか、していないか」ではない。重要なのはマネの仕方なのである。
　そのままマネをしたり、すべてをマネしたりするのは問題だ。先人の知恵に敬意を払わないマネはもってのほかである。

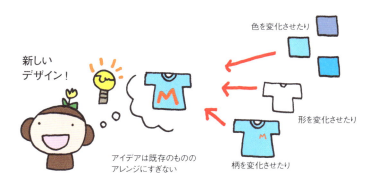

　このような配慮をしつつ、基本的にはどんどんマネをすべきなのだ。マネをすることをためらってはいけない。あなただけでなく、あなたが尊敬する師匠もライバルも、業界で天才と言われる異端児も、誰もがやってきたものであり、これからもやっていくものなのである。

アイデアを出すための効率的なプロセス
〜6段階アイデア思考法①〜

　では、いつ論理的システムを使うとアイデアが生まれやすく、どんなタイミングで直感的システムが発動するのだろうか？　アイデアが生まれるプロセスを整理して考えてみよう。

　アメリカの実業家、ジェームス・W・ヤングは著書『アイデアのつくり方』で、的確な指摘をしていた。彼は「資料の収集」「資料の咀嚼」「問題の放棄」「ひらめき」「アイデアの検証」という5段階にまとめている。

　アメリカの心理学者ジョイ・ギルフォードは、既存の情報から論理的に正解に到達しようとする「収束的思考」と既存の情報から広げていく「拡散的思考」、2つのプロセスがあると提唱した。こうした考え方に科学的な根拠があるかどうかを検証し、脳科学、心理学の視点で「どうすれば効率的にアイデアを生み出すことができ、そしてそれを伝えていけるのか」を手順としてまとめてみた。

▶第1ステップ　アイデアのタネを集める
▶第2ステップ　アイデアを「作る」（論理的システム）
▶第3ステップ　「作る」のをやめる（直感的システム）
▶第4ステップ　アイデアを「整理する」
▶第5ステップ　アイデアを「魅せる」
▶第6ステップ　アイデアを「伝える」

序章　アイデアの謎

　アイデアが「浮かばない」「なんとなく浮かぶけど、形にできない」という人は、この順番でアイデアをまとめていくのがよい。アイデアをうまく作れない人は、第2ステップから突然第6ステップをやろうとしたり、第3ステップを使わないで、半永久的に第2ステップに留まっていて手が詰まったりするからである。

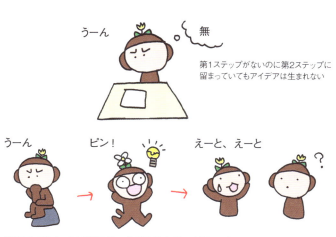

第1ステップがないのに第2ステップに留まっていてもアイデアは生まれない

第2ステップからいきなり第6ステップに進もうとすると、うまくいかない

　アイデアを自分の中で効率的に生み出すこと、それを整理してまとめること、しっかりと表現（よりよく表現）できること、そして相手に伝わること。すべてができてはじめて、体をなす。
　よいアイデアとは、自分だけでなく相手が「よい」と思うアイデアである。そう思われなければ意味がないのだ。 このプロセスを本書では、**6段階アイデア思考法**と呼んで提唱する。

　では、ステップの順に詳細を解説していこう。

アイデアを出すための効率的なプロセス
～6段階アイデア思考法②～

▶ **第1ステップ　アイデアのタネを集める**

　アイデアは記憶と結びついて生まれる。誤解を恐れずに言うなら、形を変えた「記憶」とも言える。そのためには、日頃からベースとなる情報を集めて、脳に記憶させておく必要がある。情報が何もない中で、アイデアは決して生まれない。アイデアはゼロから生まれないのだ。

　アイデアを考える際に新しい情報を仕入れることも大事だが、日頃からアンテナを伸ばしてアイデアのタネを収集している人にはかなわない。そこで、<mark>アイデアを「作る」ための基礎トレーニング</mark>として、1章で日頃の情報収集やアイデア作りの助けになる方法を詳しく解説する。

　アイデアを作る下地になる情報の収集方法、記憶力を高めるもの、他の必要なものとその理由、やり方を説明している。今すぐにアイデアを作らなくてはいけない人は、1章を飛ばして2章から読んでみてもよいだろう。アイデアを作るトレーニングが必要だと思う人は、このまま続けて1章を読み進めてほしい。

▶第2ステップ　アイデアを「作る」（論理的システム）

　アイデアを作る場合、脳に格納された記憶（アイデアのタネ）を取り出したら、その記憶にアレンジを加え、「アイデア」として命を吹き込むステップに進む。アイデアは既存のものを「組み合わせたり」「引き算をしたり」「形を変化させたり」して作るものであり、何もないところから作るものではない。ここではアイデアを作る技術的な手法が非常に役に立つ。2章で **アイデアを「作る」技術** として、その内容をまとめて解説する。

▶第3ステップ　「作る」のをやめる（直感的システム）

　じっくり考えてもアイデアをうまく思いつけない場合がある。考えて、考えて、ひたすら考えることは効率のよい方法とは言えない。そこで「脳を活性化させるため」に一度、「考えるのをやめる」のがよい。新しい刺激を使ってアイデアを得る、直感的システムを利用する。直感を誘導する方法、そのためのヒントをいくつか用意した。3章で **アイデアを「考えない」技術** として解説する。

アイデアを出すための効率的なプロセス
～6段階アイデア思考法③～

▶第4ステップ　アイデアを「整理する」

　第2ステップ、第3ステップでできたアイデアを整理する必要がある。ただまとめればよいというものではない。確認したいポイントを押さえながら、アイデアで問題が解決するよう、アイデアを「企画」として昇華させていく。この整理作業は大事であり、おろそかにはしないほうがいい。4章の **アイデアを「整理する」企画術** の冒頭で解説する。

▶第5ステップ　アイデアを「魅せる」

　アイデアの中身が「本質」だとすると、アイデアをよりよく見せる部分は「演出」である。本質と演出は、四輪駆動車の前輪と後輪のような関係にあり、この2つが優れているとどんな道でも走り抜けられる。アイデアをよりよく見せる、「魅せる」ことが大事になってくる。優秀なアイデアマンはここをないがしろにしない。心理学、脳科学にもとづき、よりよく見せるテクニックを5章の **アイデアを「魅せる」まとめ方** で解説する。

▶第6ステップ　アイデアを「伝える」

アイデアが優れていても、その優れた部分が相手に伝わらないと意味がない。アイデアをよりよいものとして相手に伝える心理的な技術を使う。それを6章の アイデアを「伝える」心理術 で解説する。

6段階アイデア思考法は

> ▶第1ステップ　情報を集め、思考回路を鍛え
> 　↓
> ▶第2ステップ　論理的にアイデアを作り
> 　↓
> ▶第3ステップ　直感を誘発し
> 　↓
> ▶第4ステップ　作ったアイデアを整理して
> 　↓
> ▶第5ステップ　よりよいものとして演出をほどこして
> 　↓
> ▶第6ステップ　相手にズバッと伝える

という一連のプロセスを説明したものである。

拒絶したらそこで終わってしまう
～知っておいて損はないこと～

　アイデアを出す仕事をしようとする人、している人には顕著な傾向がある。ただ全員が同じわけではなく、本書のような書籍をどんどん読んで色々な知識を吸収しようとする知識欲が強い人も、少し読んだだけで「知っている情報だ」と拒絶する人もいる。

　多くの人には他人から認められたいと思う承認欲求、すごい人、できる人と思われたい尊重欲求がある。クリエイティブな仕事をしている人は、その欲求が特に強い。この欲求は自己の努力を喚起するためにとても重要だが、手を抜いて相手を否定したり、拒絶することで、自分を相対的に持ち上げようとする気持ちがわくことがある。これは自己成長にとって大きなマイナスだ。

　潜在意識（無意識の部分）で、自分を高めるよりも相手をおとしめるほうが楽だと知ると、どんどん相手を否定して自分を高めることを忘れてしまう。これは長期的に自分に多大なる損失を与えてしまう。どんな書籍や人であろうと、そこから何かを吸収していくことが自分のためになるのである。

　ただ世の中にはムダなものも多くある。すべてとまともに付き合っている時間はない。よいものを見極め、そこから少しでも何かを得ようとする気持ちが大事。以下のような回路を作ることが、心理的にもクリエイティブな人間には求められているのだ。

❶ 拒絶、批判の前に得られるものを吸収する
❷ よいもの、悪いものを選別する能力を磨く

　ポーポー・ポロダクションは色々な現場で様々な企画系の人に

会ってきた。優秀と言われる人は例外なく初見でよいもの、悪いものを選別する能力を身につけている。優秀な人はムダなことをしない。ムダなことをしないから優秀なのだとも言える。❷は優秀になるために必要な能力だとも考えられる。

　また、本書では色々な学問を横断的に使っていたり、わかりやすく説明している関係上、特定の分野から批判的な意見があるかもしれない。しかし、こうしたところで足を止めても新しいものは生まれない。拒絶するのは簡単だが、その中から自分のアイデア作りに活かせるものがあれば吸収してほしいと思う。それが著者の願いである。

「ひらめき」と「直感」
～アイデアが生まれることを形容する言葉～

　アイデアが頭の中で生まれることを表す言葉は、いくつかある。アイデアがわいてくる、アイデアが降りてくる…。「ひらめき」や「直感」もよく使われる。この2つは一般に同じ意味の言葉として使われているが、使い分ける研究者もいる。

　「ひらめき」から生まれたアイデアは、そのロジックが説明できるものとされる。「なるほど、そうか」と論理的に解釈できるということだ。たとえば、棋士が次の手を「ひらめく」ことがある。その通りに先の手を考えてみると、確かに最善手であり納得すると言う。一方、「直感」で得たアイデアは、論理的に説明できないものとされる。実はこの「ひらめき」と「直感」は、使う脳の部位が異なると言われている。「ひらめき」は記憶をつかさどる部位、「直感」は潜在意識をつかさどる部位を使うと考えられている。

　本書では論理的システムで生まれるアイデアを「ひらめき」、直感的システムで生まれてくるアイデアを「直感」と形容している。ただ、直感的システムで出現するアイデアの中にも、後で理由がわかる「ひらめき」はある。混在して出現することもあり、言葉の使い分けにはあまり意味がないと考えている。だから、この点はあまり意識せず、自然に本書を読んでいただけたらと思う。知識として、アイデアを表す言葉には、こうした背景があることを押さえておいてほしい。

1章

アイデアを「作る」ための基礎トレーニング

▶ 第1ステップ	アイデアのタネを集める
第2ステップ	アイデアを「作る」(論理的システム)
第3ステップ	「作る」のをやめる(直感的システム)
第4ステップ	アイデアを「整理する」
第5ステップ	アイデアを「魅せる」
第6ステップ	アイデアを「伝える」

　本章では第1ステップの「アイデアのタネを集める」部分を扱う。情報収集能力や記憶力を鍛えるために、日頃からどのようなことをすればよいのかをまとめていく。すでにアイデアを作ろうとする前から、第1ステップははじまっている。基礎的な手法も含まれているが軽んじることなく再確認をし、基礎を固めていこう。

記憶に感情のインデックスをつける
~感情を豊かに持つこと/記憶力を高める~

　アイデアの材料となる情報は頭の中にある。その情報を適切に保存し、整理して取り出せるようにしておかなくてはならない。記憶力を高めておくことは、アイデア作りにおいて重要な要素だ。

　序章でも触れたが、「アイデアを作ろう」と考えているとき、脳内では「思い出そう」とするときと同じような働きをしている。脳科学の解釈では「創造は、記憶の一部（再利用）」とも言える。

　ところが、記憶はコントロールが難しい。私たちは日々感覚器から様々な情報を得るが、そのほとんどをすぐに忘れてしまう（感覚記憶）。意識を向けた情報は「ワーキングメモリ」（作業台のような場所）に短期記憶としてわずかな時間、保持されると考えられている。そして、その記憶の中で重要なものや繰り返し見たものなど、ごくわずかなものを長期記憶として定着させている。

短期記憶・長期記憶の形成

感覚器（目・鼻・手）→ 感覚記憶（数秒で消失）→ 短期記憶（短時間で消失）→ 長期記憶

情報 → 注意を向けたもの → 重要なもの・繰り返し見たもの

※記憶の定義、記憶時間は研究者によって諸説ある

　記憶の中でも、個人の経験にもとづいた記憶を「エピソード記憶」と言う。どこに誰と旅行に行ったとか、いつどんな食事をしたという記憶だ。また、自分が体験していなくても映像や書籍から得た知識を「意味記憶」と言う。私たちは、アイデアを生み出す下準備として、体験したエピソード記憶、そして本などから得た知識の意味記憶を、長期記憶として脳に保管していく必要がある。

1章 アイデアを「作る」ための基礎トレーニング

　記憶には大脳辺縁系にある「海馬」という器官が重要な役割を果たしている。効率よく記憶するには記憶に感情をともなうことが重要である。エピソード記憶の場合、ただ経験したものよりも「面白かった」「おいしかった」「悲しかった」という感情を記憶に紐づけることで、その記憶は海馬に送られやすくなり、さらに長期記憶に残りやすくなることが知られている。

　つまり意識的に覚えたいものがあるときには、自分の記憶に感情というインデックスをつけるとよいのだ。日頃から色々なものに興味を持つこと、心を動かし、自分の感情を強く持つことが、記憶力を高めていく１つの方法である。

記憶に感情のインデックスをつけると忘れにくくなる

　よい記憶に対して感情を豊かに持っている人はよい記憶が残る。「これはよい情報だ」と思ったら、そこで終わりにしないで、「自分だったらどうしよう」「これはこんな風に使うと楽しいぞ」と感情をのせていきたい。

基礎トレーニング　　特訓１

　書籍を読む。その際、読み流さず、特に重要だと思ったところで「強く納得した」「こう応用したら面白そう」と考えながら読むと、あなたの心に残りやすくなる。本書も、感情を込めて読み進めてほしい。

記憶を取り出しやすくする
～リハーサルと意味づけ／記憶の保持と想起～

　海馬では短期記憶を時間、順序、場所などを整理して想起しやすいようにしている。短期記憶が長期記憶として定着するためには、感情のインデックスに加え、リハーサル行為があるとよい。

　つまり、繰り返して覚えることが重要なのである。たとえば感情移入をして観た映画はよく覚えているが、さらに何度も観ているうちに台詞まで記憶するようになっていく。ためになる書籍は何度も繰り返し読むと記憶に残る。そして文章を音読すると、さらに記憶に定着しやすくなることもわかっている。

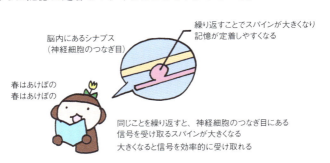

　また記憶力の向上には、記憶をたくわえておくだけでなく、どれだけスムーズに想起するか(取り出せるか)も重要である。

　側頭葉などの大脳皮質に保存された記憶がどのように想起されるか、実はまだその詳しいメカニズムはわかっていない。ただ想起することにも海馬が関わっているとされ、長期記憶に送られる段階で想起しやすい何かの回路を残していると考えられている。

　その場合、単に１つのことを記憶するよりも、何か２つのことを関連づけて記憶するほうが、想起しやすくなる。数字を記憶

したい場合、意味をつけて記憶すると忘れにくくなる。「223084」であるなら「ふじさんおはよー」などのように連想する。数字が少ないならペグワード法と言って、イメージ(1＝イチゴ、2＝ニンジン、3＝サンダルなど)に変換して覚えるのも効果的だ。「イチゴ、サンダルの13日」のように使える。また「水曜の14時」と記憶すると、つい「あれ、何曜日だったっけ？」となるが、「お気に入りのテレビ番組をやっている、あの水曜日の14時」と関連づけると忘れにくくなり、想起しやすくなる。

記憶力を強化するには

素晴らしい　　リハーサル　　　　　　　水曜日は
　　　　　　　リハーサル　　　　　　　ぼくの生まれた曜日

感情をのせる　　リハーサル　　　　情報を関連づける
　　　　　　　（繰り返す）

　また記憶の回路を強化するトレーニングとして、思い出せないことがあっても、すぐにスマホで調べないこと。頑張って思い出そうとすることで、思い出す回路が強くなる。記憶を蘇らせようとすることは創造性の訓練になることを思い出してほしい。

基礎トレーニング　　特訓 2

記憶力を高めるトレーニングを実施しよう。
1. 覚えたいことは口に出して言う。そして繰り返す
2. 情報を関連づける（別の意味を加える）
3. スマホに何でも頼らず、思い出そうとまず努力

「メモ」をあなどってはいけない
~メモをするメリット／記憶補完と発想促進~

　記憶したことを忘れるというのは、脳内に記憶はあるのに取り出せなくなる状態と、記憶そのものを紛失してしまうことを言う。

　近年の研究で記憶そのものが失われるのには、ある酵素が関係していることが突き止められた。その酵素（PP1）は記憶が作られるのを防いだり、ある記憶を失わせる働きをすると言う。なぜそうした酵素が存在するかはわかっていないが、脳科学者はすべての情報をため込んでしまうと脳が飽和状態になり、機能しなくなるからではないかと考えている。

　つまり何でもかんでも情報を記憶するのがよいとは言えない。使えそうな情報を選んで長期記憶に送っていく必要がありそうだ。

　必要だと思われる情報は、メモを取っておくことである。外付けのハードディスクに記憶をさせるというイメージだ。ところが、中途半端に賢い人はメモを取らない。ほどほど自分で覚えていられるので、取る必要がないと思ってしまう。どんなに賢くても、人間の機能として忘れるようになっている以上、メモを取っておくほうが賢い。それにすべてをメモしていなくても、ヒントになる見出しをつけておくだけで、すっと想起できる。メモ帳は持って歩いて、有益な情報に接したらちょっと書いておくことをお勧めしたい。特に、意味記憶は感情がのりにくいので忘れやすい。

　手軽さを求めるなら、携帯電話のメモ帳アプリに書き込んでもいいだろう。ただし効果は紙の手帳のほうが高い。ITの先端を走っていたスティーブ・ジョブズでさえ、構想を練るときには紙と鉛筆を使っていたし、思いついたことをよく紙ナプキンの裏に

メモしていた。Twitterの創業者であるジャック・ドーシーや、プレゼンテーション（以下プレゼン）の実施および指導の世界的な第一人者であるガー・レイノルズも、初期アイデアは紙と鉛筆でまとめていたと言う。

メモを取ることは、単に記憶の補完として機能するだけでなく、発想を生む手助けにもなる。

メモを取る効果

1. メモを取ることが
リハーサルに
メモを取ることには、情報を繰り返して覚えるリハーサルの効果がある

3. 想起の促進になる
メモを取っておくと、少しのヒントで記憶が蘇りやすい

2. 手を動かすことで
脳が活性化
手を動かして書くことで脳が活性化し、記憶力の向上が期待できる

4. メモを取ることで発想がわく
記憶に残す効果が期待できるだけでなく、メモを取る行為で発想がわいてくることも

基礎トレーニング　特訓3

メモ帳はいつも持ち歩く。普段の生活でアイデア作りのヒントになりそうなものはちょっとメモしてみよう。また人から聞いた話の中にもヒントがある。特に先輩や上司の前では、よいことを言われたらメモする。メモをされた相手は「自分の話がためになった」と嬉しく感じて、あなたの評価を無意識に上げてくれるオマケもついてくる。

覚えたらすぐ寝る
〜睡眠の知られざる効果／記憶力向上、記憶の整理〜

　記憶力を高めるために軽視してはいけないのが「寝る」ことである。しかし、睡眠は重要視されていない。なぜ重要視されていないかと言えば、大事なのはわかっているが、どれほど大事かが理解されず、なかなか表層意識では実感することがないからである。

　仕事が忙しくなってくると睡眠時間を削る人が多い。体が疲れると、休憩することはあっても寝ることはしない。心理的にも、「寝る」という行為をすると、時間をムダにしたように感じて、気持ちのうえで焦ってしまうからである。

　実は、体は少し休むと回復するが、脳は寝ないとぜったいに回復しない。脳機能を回復させるために睡眠は必要。個人差はあるから何時間がよいとは言えないが、日頃から6時間程度は脳をしっかりと休めたい。天才は少ない睡眠時間でも大丈夫というような逸話はあるが、アインシュタインなど創造的な仕事をして成功している人は、長い睡眠時間を取っていることが多い。4時間を2回に分割して8時間程度寝る人もいる。必要な睡眠時間には個人差がある。自分の生活リズムに合った睡眠時間を取るのが大事である。

　また、睡眠には脳内の記憶を定着させる機能があると言われている。近年の睡眠研究で、睡眠中に長期記憶の統合と固定がおこなわれていることがわかった。記憶・学習したものについてテストをおこなうと、睡眠前より睡眠後の得点のほうが確実に高くなると言う。覚えたい情報を得たらなるべく早く寝ることである。

海馬では日中に得た記憶を一時的に貯蔵し、睡眠中に大脳皮質に送っている。睡眠中に見る夢は自分の願望や深い感情が出てくるものとして知られているが、記憶を必要なものと不必要なものに選別する過程で見ているという研究もある。記憶定着と睡眠の因果関係は強い。

特に男性は、睡眠時間が短いことが美徳のように思っているところがある。長時間の睡眠を取っていることは恥ずかしい、という意識がある。そんな気持ちが根底にあると、ついつい睡眠を削ってしまいがちだ。睡眠は重要なものと理解して、軽く扱わないほうがいい。覚えたら、早めにちゃんと「寝る」ことが重要だ。

睡眠の効果

1. 脳を休める
脳は寝ないと回復しない。脳が休息するには睡眠が必要不可欠

2. 脳内の老廃物は睡眠時に排泄される
脳は睡眠中に萎縮する。その隙間を使って老廃物が排出される

3. 記憶の定着と整理
睡眠中に短期記憶の一部は長期記憶に送られる。また、脳内の情報が整理される。そのため、学習直後の睡眠が効果的

短期 → 長期

基礎トレーニング　特訓4

どの程度、睡眠が記憶に関して効果があるか、自分で体感してみるとよい。暗記するものを用意して、寝る直前に読んだ場合と、読んでしばらく時間を空けてから寝た場合、どちらがよく記憶しているか調べてみよう。

新製品や不思議なものに興味を持て
～情報集めの基礎①／損失回避を減らせ～

　アイデアのタネになる情報を集められない人からは、アイデアを出そうとしても生まれるわけがない。世の中には情報を集められる人と集められない人がいる。もしあなたがいつも同じ電車に乗って、同じところで同じものを食べて、休日は同じようなことをしているなら、情報はなかなか集まってこないだろう。

　逆に情報を集められる人は、会社と自宅を結ぶルートを変えて変化を楽しんだり、「もっと近道はないか」「面白い場所はないか」と探求したり、昼食も夕食も変えられる。新商品が出ると「どんなものだろう？」と興味を持つことができる。

　では、なぜいつもと同じことをする人がダメなのか？　それはそうした人が根底に持っている損失回避の性質がアイデア作りを邪魔しているからだ。人は得をしたいと考えるよりも、損をしたくないと考える心理傾向がある。この損をしたくない気持ちは、得をしたいと考える気持ちより約2.5倍も強いと言われる。

　この性質は個人差が大きく、損失回避性が強い人は、損をしたくない、失敗したくないという気持ちが強くなり、新しいことに挑戦できなくなってくる。新しいメニューを選べないのも、変化に乗り気でないのも、現状に満足しているわけではないが、「これ以上、自分が損するのを避けたい」と思う心理があるからだ。

損失回避
人は得をしたいと考えることより、損をしたくないと考える。この傾向が強くなると守りに入って、新しい刺激に敏感になってしまう。シニア層や女性が強く持つ感覚だが、最近は若い男性にも広がっている。

そうした損失回避性が強い人には、新しい情報が集まりにくい。情報はアイデアのタネである。さらに、いつもと同じことをしていると低刺激に慣れてしまい、脳の活動も低下してしまう。積極的に「新しいもの」「新しいやり方」「不思議なもの」に興味を持って情報を得ていく人のほうが、圧倒的にアイデアのタネが集まってくる。会社までのルートが変われば接する風景が変わる、人が変化する。新しい場所や新しいものに触れるとまず情報が集まり、それは脳の活性化にも役立つ。脳の活性化は直感的システム（第3ステップ）をより強くしていくことにもつながっていく。

新しい場所や新しいものに接すると脳の活性化にも役立つ

自分のパフォーマンスを最大限に発揮するために、日々の生活リズムを同じように整える人もいる。移動ルートやメニュー選定などにムダな判断力を使わないためだ。アスリートや芸術家はそれでもいいが、商業的なジャンルでアイデア作りを求められている人は、無意識の中にある損失回避の性質を減らすほうがメリットは大きい。

基礎トレーニング　特訓5

情報集めのトレーニングを実施しよう。
1. 明日は今日と違ったルートで会社・学校へ行く
2. いつもの一駅前で、電車・バスを降りてみる

新製品や不思議なものに興味を持て
~情報集めの基礎②／固定観念を捨てろ~

アイデアを出そうとして焦る人は、自分に何か足りないものがあると思い、何かを加えようと奮闘する。知識や技術を身につけようと努力する。だが、それは間違いであることが多い。

確かにアイデアのタネになる情報は必要だが、何かが足りないから機能しないのではなく、何かがあることで情報が集まらなかったり、情報をうまく扱えないことがある。

持っていても無用なものの代表が、固定観念である。人は固定観念があると多様な見方を失う。多様な見方を失うと情報が集まってこなくなり、既存の枠組みでものごとを決めつけてしまう。血液型がA型なら几帳面で、O型ならおおらか。メガネをかけている人は真面目。このような、多くの人に浸透している先入観や思い込み、これが自分の視野を狭くしてしまう。こうした固定観念をステレオタイプと言い、日本人は特にステレオタイプにおちいりやすい。

ステレオタイプの人間は、情報を得ても自分なりに考えなくなる。情報に対して興味を持ちにくくなり、記憶力も低下してしまう。固定観念を強く持っている人には情報が集まらないし、それを記憶としてたくわえることもなくなる。その結果、アイデアのタネが集まらなくなってしまう。

こうした偏見が自分の視野を狭くしてしまう

1章 アイデアを「作る」ための基礎トレーニング

　せっかく会社に通うルートを変え、新商品に触れるようになっても、その刺激に対して感情を持たないと意味がない。固定観念を捨てて、色々なものごとを疑ってみることをお勧めする。たとえば普段、道路を走る車を見ても、何の疑いもなく車だと思うだけだろう。でも、「何台かに1台は、車のハリボテをかぶった馬かもしれない」と疑うような視点が大事である。

　また「私は自分で見たものしか信じない」と言う人がいる。これも危険な発想である。視覚は真実を映しているとは限らない。視覚情報は脳でゆがんで合成され、都合のよい形で記憶される。固定観念を持っていたら、ゆがんだ形で記憶され、それを真実だと誤解したままになる。真実は人それぞれ違うのである。これは**羅生門効果**という心理効果として知られている。

基礎トレーニング　特訓6

新しい視点を磨くトレーニングを実施しよう。
1. 消しゴムの新しい使い方を10個考える
2. 新しいスマホアプリを5個考える
3. 最近観た映画の別エンディングを3つ考える

根拠がなくても自信を持て!
~自信が作る好循環／ドーパミンを出せ~

　企画の仕事で成功している人の多くには、ある共通点がある。それはみな自信家ということである。自信を持って自分のアイデアを説明している。自信も過去の記憶から積み上がっていくもので、成功体験を持つうちに強い自信がわいてくる。しかし、その多くには根拠がない。彼らは根拠がなくても強い自信を持っている。

　根拠がないにもかかわらず自信を持っている、という人は強い。根拠のない自信を持っていると、脳内で神経伝達物質ドーパミンが分泌される。ドーパミンは思考力や集中力、モチベーションを高めてくれる効果がある。前頭連合野を中心に盛んにドーパミンが分泌されると、脳内のニューロンやシナプスの活動が活発になる。また、よいアイデアができ、それが評価されて達成感を持つと、さらにドーパミンが分泌されて快楽感が増幅される。この快楽はヤミツキになり、またこの快楽を得たいと頑張るようになる。この快楽があなたの能力を最大限に引き出す。快楽は意欲も生み出していく。逆にドーパミンが不足するとやる気が低下してしまう。

ドーパミンが分泌されると…

・創造的な発想力が高まる
・集中力が高まる
・記憶力が上がる
・身体機能が高まる
　　などの効果がある

1章 アイデアを「作る」ための基礎トレーニング

　また別の機能においても、根拠のない自信を持つことはとてもよい。たとえば「A型は几帳面」という結果に自分を合わせることがある。ある姿を言ったり感じたりしていると、自分はそうあるべきだと思い、次第にその姿に進んでいく。これを心理学では自己成就予言と呼んでいる。自分の作ったアイデアがうまくいくと思う人は、本当にうまくいくように流れを持っていけるのだ。こうした好循環ができると、アイデアを作る環境は整っていく。

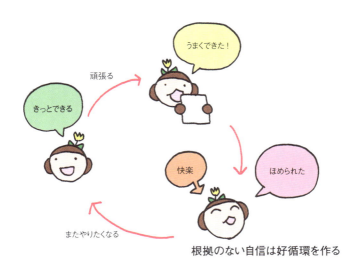

根拠のない自信は好循環を作る

基礎トレーニング　特訓7

自信を身につけるトレーニングを実施しよう。
1. 今から「自分はじゃんけんで無敵」と思い込む
2. 仮に負けても「たまたま」と思う
3. 自分はよいアイデアが作れると自信を持つ
4. 仮にすぐ作れなくても「たまたま」と思う

泣ける映画をたくさん観る
~アイデア作りに必要な神経物質／セロトニンを活性化する~

　どんどん自信をつけてドーパミンを分泌していけば、よいアイデアを多く作れるようになるのか。ここに少し問題がある。ドーパミンは分泌し過ぎると暴走してしまうことがあるのだ。さらなる快楽を求めて自分のやり方に執着したり、他人を攻撃するような感情も強くなってくる。キレやすくなり、やめたくてもやめられない依存症の症状も現れてくる。よいことばかりではない。

　この暴走を止めるには、神経伝達物質のセロトニンという物質が効果的である。セロトニンはドーパミンによる暴走を抑制してくれる（適度な緊張状態を作る）効果がある。うつ病はセロトニン不足が1つの要因だと考えられている。

　セロトニンを分泌するには映画を観るとよい。特に泣ける映画をお勧めする。主人公に感情移入をして泣くと、副交感神経が優位になる。泣いている状態のときは、脳が体のリラックス状態を作る。泣くとストレスが解消される。涙はストレス物質を排出する作用もある。遠慮しないでどんどん泣くべきである。

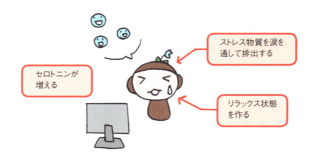

セロトニンが不足すると情緒不安定になり、ストレスに弱くなる。交感神経のスイッチが入ったままになり、眠れなくなる。睡眠不足は記憶にも悪い影響を及ぼす。逆に言うと、セロトニンが十分に出ていれば、精神的に安定し、相手の気持ちがわかるようになる。精神的な安定は何かを考えるときに重要な要素であるし、相手の気持ちがわかるということもアイデア作りには重要だ。よく「自分で作ったものが一番」と考えてアイデアをごり押しする人がいる。自分が作りたいものを作るのはいいが、商業的な世界では、自分よりも相手がどう感じるかが重要である。

セロトニンを増やす方法

- 早起きをする
- 太陽光を浴びる
- リズミカルな運動
- 共感して泣く
- よくかんで食事をする

特に大豆製品、乳製品、魚卵、カツオなどは、セロトニンの原料であるアミノ酸「トリプトファン」が含まれるのでお勧め

基礎トレーニング　特訓 8

セロトニン生活のトレーニングを実施しよう。
1. 早起きをする。運動（散歩）を心がける
2. よくかんで食事をする
3. 泣ける映画を観て、思いっきり泣く

笑いに敏感になる
～笑いとアイデアの関係／意外性を学ぶ～

　何でもかんでも情報を集めても仕方がない。脳がパンクしてしまう。どんな情報がよいかというと、自分が興味のあるものに尽きる。新商品、不思議なものに興味を持って、それを情報のタネとして仕入れることはすでに説明した。他にどんな情報をアイデアのタネとして集めるとよいだろうか？

　それは「笑い」に関するもの。もっと広域でとらえて「楽しい」もの、つい笑顔になってしまうものでもいい。笑いには敏感に反応すべきである。それはどうしてかと言うと、アメリカの精神科学者、ラマチャンドランの話が参考になる。
　笑いは、警戒すべきときなどに予想外の展開が起きて、今までの事象を解釈し直すことで生まれる。たとえば、黒いベンツが自分の車の前に止まる。中からスーツの巨漢が出てこちらに向かってくる。自分の横で止まり、何を言われるのかと不安になっていると、にっこりと笑って「迷子になってしまいました」と言う。それも前歯に青のりがついている。そうした、緊張から緩和の瞬間に笑いが起きるのだ。脳が危険を知らせてみたものの、それが間違っていたと知らせる（緊張→弛緩）、これが「笑い」なのである。

笑いには常に「意外性」がつきまとう。**この意外性はアイデア作りにとってなくてはならない重要な要素の1つだ。**「意外性」の作り方は学んでおいて損はない。だから笑いに敏感になり、「どのように緊張を崩すことが面白いのか」を考えておくことは、よい訓練になる。

また「笑い」には付加価値がたくさんある。アメリカのロマリンダ大学の研究で、笑うことでストレスホルモンの分泌が減ることが、明らかになった。さらにセロトニンの分泌が活性化され、それにより精神が安定するとも言う。

また、日常的によく笑っている人は、笑いの雰囲気をまとうことができる。笑いが伝染することは科学的にも認められており、よく笑う人に対して周囲は協力的になる。対人関係にもよい結果をもたらしてくれるのだ。

> **基礎トレーニング　特訓9**
>
> 「笑い」「意外性」のトレーニングを実施しよう。
> 1. テレビや動画サービスでお笑い番組を観る
> 2. なぜ今笑ったのかを論理的に分析する
> 3. 自分なら、笑わせるのにどう状況を変化させるかを考える

武器を持つ？　いや武器に毒を塗ろう
~差別化の重要性／自尊感情と競争の優位性~

アイデアの世界に限らずどの世界でも、「武器を持っていることは大事」と言われる。それは競争の優位性からも明らかである。強みがあるほうがないよりも、競争を優位に戦える。「企画を考えたら彼の右に出るやつはいない」なんて言われる人がいたら、普通はその人に頼みたいと思う。発注先を探しているクライアントなら、業界3位のアイデアマンより、1位の人を指名するだろう。すごくよい出来上がりまでは期待しなくても、「彼にお願いしたのだから大丈夫」という感覚も重要だ。

クライアント側の心理を考えてみよう。企業の担当者なら特に立場的に失敗したくないと考える。予算との兼ね合いを考えつつ、損失回避の視点から、できるだけそのジャンルで上位の人を使いたいと考える。下手な人を使って失敗したら自分のせいになる。でも他人からの評価があれば失敗したときの言いわけになる。人は自分に逃げ道を用意しておくものである。

ただし実際にそうした武器を持つのはなかなか大変で、ごく限られた人のみがうたえる文句なのである。

本当に強い武器を持つ必要があるのか？

大事なのは相手を安心させる武器の見せ方であり、本当の武器ではない。つまり、まともに業界トップを狙わなくても、色々な見せ方で武器はその鋭さを見せられる。武器の種類は色々あり、特定のジャンル、細分化された分野では私は負けないという武器

を作ればよい。イベントの企画でかなわない人がいても、音楽イベントを考えたら負けない、旅行企画を考えたら負けない、もっと細分化して「北海道の旅行企画を考えたら負けない」でもよい。そうしてある特定のジャンルでトップを取ればよい。旅行企画という武器に「北海道」では負けない、さらに「カニ」の目利きなら1番、といった毒を塗るのだ。そういう強みを作っていき、それを売りにしていけばよい。

こうした　鋭い武器を手にした人は、自尊感情を強く持つようになってくる。自分は価値のある人間だと、自分で評価できる感情である。この感情が高まると「根拠のある自信」につながっていく。自信はドーパミンの分泌を促進し、さらに集中力や思考力を高める好循環を生んでいく。

よし全部やるぞ

自尊感情が高い人は挑戦できる

ぜったい無理

自尊感情が低いと何でもあきらめがち

基礎トレーニング　特訓10

武器を作るトレーニングを実施しよう。
1. 自分の強みをノートに書き出す
2. 1つを武器として選び、磨く方法を考える
3. 「これなら負けない」という自信を持つ

この弱点だけは直す
～自分の弱点を利用する／コントラスト効果～

　唯一無二の強みを持っていると優位性が働くことは、わかってもらえたはずだ。さて、アイデアが必要とされる世界で仕事をしていて、多くの人が誤解し、心配しすぎていると思ったことがある。「自分の弱点」を過度に気にしていたり、「敵を作ることが不安」と感じていたりする人が多いのである。むろん弱い部分はないにこしたことはない。ただ、私たちは普通の人である。技術的に劣っている部分も、精神的に弱い部分もあるはずだ。そこを過度に気にしても仕方がない。

　ポーポー・プロダクションでは心理面から人の評価を研究している。同じ程度の弱みと強みがあったら、強みを伸ばすほうが高評価を得られることが実験から明らかになっている。自分の弱みやアイデアの弱点を改善するのに時間をかけるより、強みを伸ばすほうに力を入れるほうがよいのだ。

　「このアイデアはここが弱点です。でもこんなに強みがあります」と正直に説明するほうが効果は高い。またそうした説明はコントラスト効果から、より強みが際立って目立つようになる。日頃から弱みよりも強みを伸ばす訓練をしたほうが効率的なのだ。

　ただ1つ、注意点がある。すべての弱点を放置するのは得策ではない。弱点の中に、相手の損失回避に関わるものがあれば、改善すべきだ。人の損失回避性は強く、同等の強みでは負けてしまう。日頃から強みを伸ばし、損失回避に関わる弱点は改善するようにしたい。

　また人は「人から嫌われたくない」という気持ちを強く持ってい

る。この感覚があまり強くなってしまうと、アイデア作りには大きなマイナスに働く。多くの人は理屈ではなく、「好き」「嫌い」といった曖昧（あいまい）な価値基準でものごとを評価することがある。この好みに関しては一貫性がなく、とても感覚的なものである。そこで戦うことにあまり意味はない。

　対人関係も同じであり、多少毒があるぐらいでも、何か面白いものを作る人のほうがアイデア作りには向いているし、評価もされやすい。「嫌われない」ように萎縮するよりは、どこか「好かれるように」行動するほうが得をする。ただし、「嫌われる」要素のうち、相手に損害を与える「締切を守らない」「約束をやぶる」といった点は、損失回避の視点からも直したほうがいいだろう。

基礎トレーニング　特訓11

弱点を改善するトレーニングを実施しよう。
1. 自分の弱点をノートに書き出す
2. そのうち相手に迷惑をかける弱点をピックアップ
3. 2. の弱点を改善する方法を考える

大人の「秘密基地」を作れ
~見られていることで力が入る／ホーソン効果・安心感~

　よいアイデアを作る基礎トレーニングとして「秘密基地」を作ることを推奨する。別に「秘密」である必要はないが、他人に邪魔されず、自分がリラックスできる「基地」が必要だ。この基地はお気に入りの喫茶店やカフェでもよい。自分の好きなことができるレッスンの場所でもいい。もちろん家庭でもいい。

　気のおけない仲間（友人・家族・恋人）がいて、リラックスして色々なことが話せる環境であることが大事だ。この秘密基地の存在はあなたに複数のメリットを与えてくれる。

　主要なメリットの1つは「親しい仲間に見られている」という感覚だ。人に見られていると感じると、人は手抜きをしなくなり、目的に向かって頑張っている姿を見せようとする。これをホーソン効果と言う。

　もう1つメリットがある。斬新なアイデアを作ったり、新しい挑戦をしていったりできるのは、自分にとって安心できる場所があればこそ。自分の居場所があってはじめて、次のステップに進める、冒険ができるのである。新しい場所や新しいものに積極的に触れることも重要だが、自分の安心できる場所をキープしておくのは、実はとても価値があることだ。「心が渇いたら、またここに戻ってこよう」と思える場所を作るのである。

　期待されていると感じると、相手の期待を裏切らないように頑張ろうとする。それは叱責されるよりも、長期的にはよい結果を

生むことが知られている。「できるやつだ」と期待されていると自信を持って行動でき、よい結果をもたらしやすくなる。これを<u>ピグマリオン効果</u>という。

さらに、仲間と話をすると新しい情報が得られたり、自分のアイデアを客観的に評価してもらえる。アイデアを整理するためにも仲間は必要である。

人から期待されていると思うと人は頑張れる（ピグマリオン効果）

人から見られているという気持ちがあると人は頑張れる（ホーソン効果）

基礎トレーニング　特訓 12

自分の居場所を見つけて活用しよう。
1. 自分の居場所はどこかと考える
2. 居場所が思い当たらないなら、新たに探す
3. 居場所の仲間（家族）と積極的に話す
4. 複数の居場所を作ってもよい

戦う前に勝つ方法
～オリエンテーションを支配する／ハロー効果～

　よいアイデアを作れない人はオリエンテーションの姿勢が甘いことが多い。オリエンは依頼者(上司・クライアント)が企画者(アイデアを考える人)に依頼の内容を伝える場所である。よいアイデアを作り、それを実際に動くものにしていかなければならない。依頼者は丁寧に全部を教えてくれるわけではない。ここの確認が甘い人や、後で考えればよいとうやむやにしがちな性格の人は、アイデア作りに全く向いていない。

　オリエンでこれだけは確認したいというものがある。それは「5W3H」と言われている。

> 〈What〉　何を (アイデアの概要、方向性)
> 〈Why〉　何のために (目的)
> 〈Who〉　誰に (対象 ターゲット)
> 〈Where〉　どこで (実施場所)
> 〈When〉　いつ (実施日)
> 〈How〉　どのように (展開方法)
> 〈How much〉　いくらで (予算)
> 〈How long〉　どの期間 (アイデア実施期間)

特に上の3つは重要だよ

　これらの項目について確認する。馬鹿正直に全部聞く必要はない(こちらが考えるべきものもある)が、うやむやのままスルーしてはいけない。その場で教えてもらえれば労力は「1」で済むが、気まずいから聞きにくいと考えて後回しにすると、労力は「5」にも「10」にもなることがある。

特にクライアントのところでこうした質問をすると「そんなの調べろよ」と嫌な顔をされることもあるが、「ちゃんとしているな。これは任せて安心だ」と担当者を安心させられることのほうが圧倒的に多いだろう。

ここで、一種のハロー効果が期待できる。ハロー効果とは、身につけているものや外見などがよいと、内面までよいと評価される心理効果である。しっかりしていると思ってもらえると、後日、提案するときに「この人が作ったものだから」と、最初から1段階上の評価が得られ、アイデアを通しやすくなる。

それから…

基礎トレーニング　特訓13

オリエンで「何を聞くのだっけ」と心配になることもあるだろうが、慣れると瞬時に足らない情報がわかるようになる。そのためには場数が必要だ。日頃から、人に何か依頼されたら「5W3H」を意識して確認するようにしよう。

「気づき」と創造性
～色々なものに気づくことの重要性～

1章で説明したように、アイデアを生み出すには情報を集めること、記憶（情報を保存すること）、色々なものに興味を持つこと、武器を持つことなどを推奨した。アイデアは日々の習慣からはぐくまれる。

他にもアイデア作りにおいて、重要なことがある。それは「気づく」ことである。機敏にアイデアを作れる人とそうでない人は、ヒントになりそうな情報を見たときの反応も異なる。よいヒントが現れたら、「これは使える」と気づくような敏感さが大事である。ヒントを見逃さない、したたかな感性も重要。色々なものに対して敏感になろう。

また、年を取ると創造性が下がると思われがちだが、それは違う。若い人のほうが細かく、色々なものに気づいていると思われているかもしれない。しかし、「気づき」と年齢の関係を見ていくと、むしろ年を取ったほうが気づきやすくなるというデータがある。若いから敏感で、それゆえ創造的であるとは限らないのだ。どんな年からでも創造性は発揮できる。むしろ年を取っているほうが、アイデアのタネは頭にストックされているはずである。「よし、アイデアを生み出そう」と思ったら、まず行動することである。年を取ると行動しなくなったり、頑固になって、「気づき」はあっても受け入れられなくなったりする。それが問題なのだ。

行動して気づいたものを「受け入れる」ことでアイデア作りは磨かれる。いつまでも色々なものを「受け入れる」気持ちでいたい。

2章

アイデアを「作る」技術

第1ステップ	アイデアのタネを集める
▶ **第2ステップ**	**アイデアを「作る」（論理的システム）**
第3ステップ	「作る」のをやめる（直感的システム）
第4ステップ	アイデアを「整理する」
第5ステップ	アイデアを「魅せる」
第6ステップ	アイデアを「伝える」

　この章では第2ステップ、つまりアイデアを「作る」論理的システムを扱う。これは、ただ闇雲に考えるのではなく、効率よくアイデアを作るための基本アイデア術と論理的フレームワークも説明する。

アイデアを出す前に設計図を作る
～論理的システムの準備①／アイデアの目的・背景～

では早速、アイデアの出し方について触れたいと思うが、ちょっと待ってほしい。闇雲に考えても効率が悪く、よいアイデアにたどりつく可能性は低い。まず初期段階では、どんなアイデアを考えるか、その方向性を確認したほうが効率はよくなる。

たとえば新商品を考えるときに、ひたすら新商品のアイデアを考えるよりも、「新商品の方向性は季節に応じたものがよいかな」と仮説を立てて、その方向性で考えていったほうが、よいアイデアが生まれやすい。そして、このアイデアの方向性を作るにはアイデアを通して何がしたいのか？　という「目的」を確認することからはじめる方法がよい。

●アイデアの目的

アイデアを出そうと考えたなら、アイデアが必要な理由が何かあるはず。アイデアを通じて「何をしたいのか？」を明確にする。それによって出すアイデアは大きく変化する。たまに目的が曖昧なアイデアがあるが、それだとアイデアの質と量が不安定になりがちで、どれだけどんなアイデアを出せばよいかわからなくなってしまう。目的が不確定なうちにアイデアを考案するべきではない。クライアントに提案する案件ならオリエンでクライアントの目的を確認しておく。たとえば文具開発を例に考えてみよう。すると「新商品を通して文具市場全体の15％を確保する」「昨年対比で7％の売上増を目指す」「自社の知名度向上を狙い人材確保につなげる」などが目的となる。

《確認すること》
　○アイデアを通じてどんなメリットを作るのか
　　何のためのアイデアか？〈Why〉
　○ターゲットは誰か？　誰のためのアイデアか？〈Who〉
　○どこまでのメリットを求めるのか？
　　効果・予算・期間などは？〈How much、How long〉
　　※初期の段階ですべての目的を細かく固める必要はない。アイデアが出来上がっていく中で目的が増えることもあるが、根幹の目的はまとめておきたい

●アイデアを生む背景

　アイデアの目的を明確にしたいなら、その前に、アイデアの生まれる背景を調べることだ。商品開発なら市場（業界）の背景、クライアントに提案するならクライアントの背景を洗い出しておこう。新しい文具を開発したいと考えたなら、文具市場や自社の状況（業界での地位、現状品の売上、強みと弱み、今後の展望など）を情報収集してまとめておく。

　一般的には、たとえばこうしたものを調べるとよい。
　○顧客分析……顧客の特徴、購買プロセス、要望など
　○競合分析……規模、戦略の把握、商品特性、強み弱みなど
　○協力者分析…流通業者状況、広告代理店状況など
　○自社分析……経営戦略、商品特性、社内システム、資金力、
　　　　　　　　企業文化、人的資源など
　○市場分析……市場規模、成長度、経済環境、社会環境など

アイデアを出す前に設計図を作る
~論理的システムの準備②／アイデアの方向性・コンセプト~

●アイデアの方向性

アイデアの背景や目的を明確にしたら、次はどんなアイデアを作るかという方向性を設定する。方向性が定まれば、考えたアイデアが「使える」「使えない」という判断基準にもできる。オリエンで確認すべき「何を〈What〉」の部分でもあり、クライアントから与えられるケースもあれば、そこも含めて提案しなくてはいけないケースもある。

アイデアの方向性は、「こんな感じだといいな」という簡単なものでもよい。たとえば文具開発なら「使いやすく誰もが驚くインパクトがある文具」「利便性を追求して家族みんなが持ちたくなる文具」のような設定が考えられる。この方向性はアイデアのコンセプトへとつながる。

●コンセプト(仮)

アイデアを考えるうえで、あると便利なのが「コンセプト(仮)」である。コンセプトとはアイデアの方向性やアイデアの骨子となる考え方を表したもの。「基本理念」「基本方針」とも言える。アイデアの方向性を一言で表したようなものだと考えると、わかりやすい。心理学的に言っても、このコンセプトを設定するメリットは大きい。

アイデアの方向性を受けて、「インパクト文具」「家族にやさしいみんなの文具」などと仮設定をする。後でアイデアを最終的なコンセプトにまとめ上げる(4章p.112参照)。

2章　アイデアを「作る」技術

《コンセプトを設定するメリット》

○作ったアイデアの判断基準（合格・不合格）になる
○他者に一言でアイデアの方向性、骨子を伝えられる
○コンセプトという名称を持つことで特別感が出て、単なるアイデアと差別化できる（ハロー効果の一種）
○コンセプトの存在が「こだわり」に近い存在になり自尊感情を刺激する。よいアイデアを作りやすい心理（回路）が生まれる
○コンセプトを保有しているとアイデアに愛着がわきやすく、さらによいアイデアを作りやすくする（保有効果の一種）

《これらを要約すると》

アイデアを生む背景
現状、こんな問題があるから
↓
アイデアの目的
ここを目標に
↓
アイデアの方向性
方向性はこんな感じで
↓
コンセプト（仮）
それを一言にするとこんな感じ

[背景]
雑誌が売れず、出版社である我が社の売上が昨年対比で減少

昨年対比5%up
[目的]
雑誌の売上をなんとか伸ばしたい

[方向性]
自社のファッション誌にインパクトのある付録をつけてリニューアル

女性誌でNo.1
ふろくかわいい

[コンセプト（仮）]
キャッチーな言葉でまとめた

　分析的な手法で大事なのは「論理的な説明ができる」こと。なぜこのアイデアがよいのかを論理的に説明できないといけない。

5つの基本アイデア術と論理的フレームワーク
～論理的システムの実際／アイデアを作る技術～

では、アイデアの目的と方向性にそってアイデアを出していく段階に移ろう。アイデアは既存の情報をアレンジして生まれるものである。ただ、どうアレンジすればよいか悩むかもしれない。

アレンジ方法は無数に存在する。すべてを紹介することはできないが、思考の基本的な構造に照らし合わせて、最初に考えるとよい基本的なアレンジ方法がある。

人の基本的な論理的システム（判断基準）は「比較」であり、常に意識的にも無意識にも何かと何かを比較している。この比較思考の構造から考え、最適な基本アイデア術のパターンを紹介する。本章では5つの代表的な方法＋αを用意した。

基本1「足す」
　何かを組み合わせる。もっとも基本的なアレンジ方法

基本2「引く」
　何かを取り除いたり、なくしたりする

基本3「誇張する」
　特徴、見た目や機能の一部を誇張する

基本4「変換する」
　素材、機能などを別のものに変えてみる

基本5「崩す」
　当たり前だと思っているもの、予定調和を裏切ってみる

他にもアレンジには「ずらす」「反対にする」「分割する」「分解する」「見方を変える」などがある。

2章 アイデアを「作る」技術

　また、こうした基本的な論理的発想法に加え、アイデアを作るために考えられた論理的フレームワーク（発想法）を活用する方法もお勧めだ。基本的なアイデアの出し方でよい発想が得られそうにない場合は、こうしたフレームワークを活用していこう。
　本章の後半では自分の分析力を活用できるフレームワークを紹介しているので参考にしてほしい。

基本1 「足す」
〜アイデア合成術①／ AとBを足してA⁺を作る〜

 最初に考えるとよいアイデアの作り方は、既存のものを足して新しいものを作る方法だ。「AとBを足してA⁺を作る」もしくは「AとBを足してCを作る」方法である。

 これがもっとも基本的なアイデアの作り方であり、この形で生まれたアイデアは世の中に本当にたくさんある。「足す」ことで「便利になる」ことも多く、利用者から受け入れられやすい。また複数の機能を有していることで、心理的にも「得である」「便利である」と思われやすい。組み合わせるということ自体に便利なイメージがあり、好まれる。アイデアの歴史はこの「足す」アイデアを抜きには語れない。使用者に心理的に好まれる形であり、さらに思考の構造から考えても、この方法はもっとも基本的な論理的システムであると言える。

● **足すと便利なものを組み合わせる「便利」**

 似たような機能、形、サービスを組み合わせて新しいものを作る方法である。既存のアイデアに何を足したらよいか考えてみる。足すことで利便性が生まれるものを選ぶのがポイントだ。

 携帯電話にインターネット接続サービスが付加され、様々なアプリやゲームが楽しめる機能も加わったスマホは、こうした基本アイデアから生まれている。自分の車を上空から見たように見せるアラウンドビューモニターも、技術的な革新で生まれたというより、既存のアイデアを組み合わせて作られている。駐車アシスト用に以前からあったバックモニターの技術で、後方だけでなく4方向に映した映像を組み合わせるというアイデアなのである。ま

るで俯瞰的な映像のように見えるところが、良質のアイデアだ。「死角」という心理的な不安を軽減し、多くの利用者に受け入れられた。

ではここで「足すと便利なものを組み合わせた文具」を一緒に考え

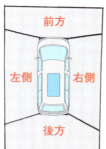

アラウンドビューモニター

前方、後方、右側、左側の映像を組み合わせて真ん中に車のイラストを配置すると、まるで上空から見たような映像になるアイデア

てみてほしい。たとえば簡単で一般的なものだと、シャープペンシルの端についている消しゴム。これは機能的に便利である。あるいは、単語帳の表紙をお守り風にしたアイデア文具。これは使用者の心理に訴える機能的な感覚（受かりたい気持ち、神様にすがりたい心理）が加わっていて便利な商品と言える。

他にどんなものをあなたは想像するだろう？「自分ならどうする？」と一緒に考えながら読んでいってほしい。

● 似ているものを組み合わせる「便利」

似ているもの同士の組み合わせは相性がよい。アイデアの方向性にそってどんなアイデアが使えるか考え、似ているもの同士を組み合わせてみるのも効果的だ。また、既存の商品に似ている新しいものを組み合わせてもよい。組み合わせることで全体のサイズがコンパクトになったり、価格が安くなると、アイデアとしてさらによくなる。

どんな似た文具を組み合わせるとよいだろう？　いくつかアイデアを考えてほしい。既存例で言うなら3色ボールペン。黒、赤、青の色違いのボールペンを3本持つ必要がなくなる。

基本1 「足す」
~アイデア合成術②／ AとBを足してCを作る~

● **異なるもの（意外なもの）を組み合わせる「面白さ」**

　異なるものを足して成功するアイデアもある。「便利」という感覚も大事だが、アイデアには「面白そう」と感じさせることでヒット作になるものもある。

　料理の世界では、こうしたアイデアは面白いと受け入れられる傾向があり、手羽先と餃子を組み合わせた手羽餃子、コーヒーに抹茶を組み合わせた抹茶コーヒーなど、どんな味がするのか好奇心をそそるアイデア商品が多くある。味覚には「旨味」「甘味」「苦み」「辛味」「酸味」「塩味」「雑味」などがあり、複雑に絡まると、脳が誤解する、または「おいしい」と思う不思議な組み合わせが存在するためと考えられる（プリンに醤油をかけるとウニの味、など）。また萌えキャラと兵器を組み合わせたアイデアもこうした組み合わせの1つである。魅力的な女の子に、実在する兵器の個性が加わる相乗効果は大きい（もちろん魅力的な物語があってこそ）。

　では文具だと、どんな組み合わせが面白いだろう？　たとえばハンコとボールペンという異質のものを組み合わせた商品（機能的に便利な組み合わせとも言える）、プラスやマイナスのドライバーをボールペンと組み合わせた商品などは異なったものを組み合わせた例である。あなたならどんな意外なものを組み合わせるだろう？

● **関係ないものを組み合わせる「面白さ」**

　関係ないものを組み合わせてみることで、面白いアイデアが生まれることがある。一見すると、前述の組み合わせと似ているが、考案のアプローチの仕方が少し違う。関係ないものとは、ランダ

ムに思いついたものや目に入ったものである。これらを自由に組み合わせてみて、アイデアにならないか検証してみよう（論理的システムを超えた直感的システムとしての側面もある）。

藤子・F・不二雄氏は、新連載のキャラクターが思い浮かばなかった話を自身の漫画で描いている。締切が迫る中、氏は、娘の起き上がりこぼし人形につまずいた。そのとき、過去にもアイデアが浮かばないまま猫のノミ取りをしていたダメな自分の経験が組み合わさり、「ドラえもん」というキャラクターが誕生。さらに自分の姿を重ね合わせ、ひみつ道具でダメな子を救うという根幹ができたと言う（『ドラえもん誕生』より）。関係ないものが組み合わさって世界的大ヒットキャラクターが生まれたのだ。

ボールペンに何かを組み合わせた新商品を考えているなら、そのとき目に入ったもの、たとえばマウスとの組み合わせを考えてはどうだろう。文具の枠を超えて色々と目に入ったものを組み合わせてみてもヒントになる。

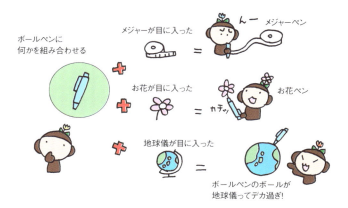

基本2 「引く」
~アイデア減算術／Aから何かを引いてA⁻を作る~

　何かと何かを足して便利な商品やサービスを作ることは人が望む心理そのものとも言える。人には得するもの、便利なものを好む気持ちが根底にあるからだ。ところが、余計なものを取り除くことで生まれるアイデアもある。組み合わせることに疲れたら、逆に引くことを考えてみる。**単純に減らすだけだと、人は心理的に受け入れにくい。減らすことで何かのメリットを狙いたい。**

　わかりやすいのは、「価格」である。ムダなものを取り除くかわりに安くなるというメリットを作る。理髪店・美容院のサービスからシャンプーやひげ剃りといったものを「引く」ことで生まれた1,000円カット。サービス開始時の価格インパクトは強烈だった。またセルフサービスのガソリンスタンドは、安価にするかわりに「給油」「窓ふき」などを引いた。

　では文具の新商品ならどんなものを「引く」といいだろう？　たとえば加圧式のホチキス。この商品はホチキスから芯を取り除き、安全に使え、さらに書類に穴を開けないというメリットを生んだ。

たとえば「引く」アイデアとは

基本3 「誇張する」
～アイデア誇張術／Aを誇張してAAを作る～

既存の商品、サービス、デザインの中で、ある部分を誇張してみる方法がある。Aを誇張してA⁺にしたり、AからAAを作ったりする。誇張するのは特徴的なものがよい。1章 p.48でも触れているが、人でも商品でもサービスでも、「強み」を伸ばすほうが、「弱み」を改善するより評価を得やすい。特に近年はその傾向が顕著に進んでいる。視覚的(見た目)にも機能的にも特徴を誇張するアイデアは、高評価に結びつきやすい心理傾向にある。

わかりやすいのが「大きさ」の誇張。大きいものをさらに大きくしたり、サイズを小さくしたりして、ヒットするものがある。メガ盛りのメニューやデカ焼鳥など、インパクトとお得感がウリになることも。ストロングポイントを誇張してヒットを狙うアイデアもある。

では文具の例を考えよう。どんなところを誇張するとよいだろう？ たとえばシャープペンシルについている消しゴムは便利だがすぐになくなってしまう。美しい形の巨大な消しゴムをつける、消しゴムだけを販売する。そんなものもアイデアかもしれない。

たとえば「誇張」するアイデアとは

大盛りを　→　メガ盛りに

基本4 「変換する」
〜アイデア変換術／ AをBに変えてCを作る〜

　既存の何か(全体・一部)を別のものに変換するアイデアもある。たとえば、材質や素材を変える方法。セロテープのテープ部分をのりに変換したテープ形のり、ハサミをペンケースに入れられるようにしたペン形ハサミなどはこうした変換型商品である。

　使い方を変換してしまう例もある。たとえば、子ども向けおやつのイメージがあった、コンビニやスーパーマーケットのチョコレートを、良質の材料と幾何学的なパッケージで嗜好品に変えた「明治ザ・チョコレート」。味もパッケージも消費者に支持され、通常の板チョコの倍もする価格ながら大ヒットを記録した。

　属性・性格・性別といったものを変換してみる方法もある。人気漫画では、大人の知能を持ったまま子どもに変身してしまったキャラクターなどは、変換が成功した例の1つ。変わったところでは、問題を全部子どもが大好きな「うんこ」に変換してしまった『うんこドリル』。大ヒット商品になっている。

　では、ここで1つ質問。あなたの近くにある文具を1つ手に取って、全体もしくは一部を何かに変換して、面白いものができないか考えてみてほしい。

クレヨンの原料を石油から

ハチミツにして、子どもがなめても大丈夫に「変換」したアイデア

基本5 「崩す」
~アイデア意外性術／一般的にAからBになるものをCにする~

「AからBになるのが常識」「AはBになると決まっている」。そんな常識を崩すという視点でも新しいアイデアは生まれる。こうした「崩す」「裏切る」というアイデアは、昔は受け入れられない傾向が強かったが、多様な嗜好が混在する現代では、かえって「面白い」と高評価を得ることも多い。

立ち食いのステーキ、イタリアンの店舗が増えている。「座ってゆっくりと食べるもの」という固定観念を崩し、回転率を高めて原価率の高い食材を提供することで、良質な食材を安価で提供できるようになった。消費者はコストパフォーマンスの高い食事を楽しめ、消費者と経営者でウイン-ウインの関係が実現した。

逆転の発想で、アイデアが商品化された文具もある。消せるボールペンなどは、普通だと消せないものを消した商品。また、失敗したら修正ペンで「消す」という発想を裏切り、あえて「書く」ことで生まれたのが宛名消しのスタンプである。住所や氏名などの個人情報を、上から黒いスタンプを押して消せるようにした。

そのまま書くと下写りして不便だったメモ帳に、逆転の発想を取り入れたものがある。あえて下に転記できるような仕組みにして、一度に同じメモが複数量産できる加圧メモ帳などだ。

あなたはどんな商品をどう崩すだろう？　身近なものを崩して別のものにしてみてほしい。

その他の基本アイデア術
〜まだあるアレンジ方法〜

ではその他の例を少し紹介しよう。アイデアを作る視点は色々とある。以下の例にしばられることなく、参考にして色々と分析してみてほしい。

「ずらす」

既存の順番を変えてみる。位置を変える。

(例) カレンダーや手帳の曜日を変える。水曜日、月曜日が休みの人のために、他曜日はじまりのカレンダーと手帳。また、3か月カレンダーを下から上に並べると下から切って使っていける。

3か月カレンダーは上から使うと、月が終わっても下の2か月をカットできない

月の順番を入れ替えてみると下からカットできるようになる

「反対にする」

上下を変える、裏と表を反対にしてみる。

(例) 多くの傘は、内側にたたむ。だがその逆向き、つまり外側にたためる傘がある。濡れた部分が露出せず、周りのものを濡らしにくい。

傘はそのままたたむと水滴で濡れることも…

反対に(外側に)たためると濡れないですむ

「分割する」「分解する」

ものを分解したり、分割することで付加価値をつける。

(例) あらかじめ切って利便性を追求したカット野菜。さらに、カットされた食材と調味料のセットも、宅配サービスなどで人気だ。

野菜はそのままだと多いし、カットするのが少し面倒…

少しずつカットしてくれていると便利に使える

「見方を変える」

二次元で表現されていたものを三次元にする。既存のものを違う角度から見てみる。

(例) 駅の構内図を立体表記にする。テレビなら、見るためのデザインだけでなくインテリアとしてのデザインも考慮する。背が高くない人でも購入できるよう、自動販売機の硬貨投入口を低い場所に設置する。

大人は普通に使えるが、子どもだと自動販売機の投入口まで届かない…

下に投入口があると子どもも利用しやすくなる

その他の基本アイデア術
～論理的システムにそったアレンジ方法のまとめ～

　アイデアの基本は既存の組み合わせを変化させるものなので、広くとらえると「何かのマネ」である。よく自分にしか思いつかない斬新なアイデアを求めがちだが、脳の構造から言ったら、既存のよいものを素直にマネすべきである。何をどの程度、どのようにアレンジするかで、そのアイデアの味が変わる。

　先人たちが作り出してきたアイデアに敬意を払い、少しだけアレンジして次の世代につなげていこう。アイデアに携わる人間の多くは「自分だけが作った特別なアイデア」という唯一無二のものを作ろうとする。それは承認欲求（人から認められたいという気持ち）からくるものだ。ここを強くし過ぎて暴走してはいけない。商業的な世界で生きるなら、アイデアはシンプルなものがよい。

　ここでまとめとして、基本的な論理的システムにそった、アレンジ方法をチェックリストにしておく。

- ☐ 足して便利なものにしてみる
- ☐ 似たものを足してみる
- ☐ 異なるものを足してみる
- ☐ 関係ないものを足してみる
- ☐ 引いてみる
- ☐ 一部を誇張してみる
- ☐ 特徴的なところを誇張してみる
- ☐ 材質を変換してみる
- ☐ 属性を変換してみる

- [ ] 性格を変換してみる
- [ ] 性別を変換してみる
- [ ] 予定調和を崩してみる
- [ ] ずらしてみる
- [ ] 反対にしてみる
- [ ] 分割してみる
- [ ] 分解してみる
- [ ] 見方を変えてみる
- [ ] 明るい色に変えてみる
- [ ] 暗い色に変えてみる
- [ ] 利用者が好きな色に変えてみる
- [ ] 形状を丸く(円・楕円・流線形に)してみる
- [ ] 形状を四角く(三角・四角・多角形に)してみる
- [ ] 大事なところを保護してみる
- [ ] 回転させてみる
- [ ] 大きくしてみる
- [ ] 小さくしてみる
- [ ] 硬くしてみる
- [ ] やわらかくしてみる
- [ ] 時間を短くしてみる
- [ ] 時間を長くしてみる
- [ ] 周囲の環境になじませてみる
- [ ] 動きを加えてみる

問題点を全部出し、改善策を作る
〜正攻法改善術〜

ではここから、論理的フレームワーク（発想法）を解説する。

たとえば既存のサービスや商品がある場合、現状の問題点を洗い出し、そこから新しいアイデアに改善していく手法がある。問題点にとことん向かい合い、改善案をじっくりと考える。

メリット・デメリット
・改善優先度ごとに整理できる
・改善案を出す技術、視点が求められる

手順
1. 既存のサービス、商品の「問題点」を全部書き出す
2. 問題改善の重要度を5段階で評価する
   （利用者が損をしていると感じるものは最優先事項）
3. 重要度の高いものから改善案を考える

問題点を全部書き出す

改善優先度を評価

重要度の高いものから
改善案を考える

具体例

> 店舗（飲食店）の売上が下がっている
> 売上を増やしたい

1. **既存の店舗のサービスや商品の問題点を書き出す。思いついたものは全部書き出すようにする。たとえば…**
   - 魅力的なメニューが少ない
   - 近隣の店舗に比べて割高な感じ
   - 店の特徴が薄い

   このような問題点が出てきた（実際は10個以上出したい）。

2. **問題の重要度を5段階で評価する**
   - 魅力的なメニューが少ない（重要度：★★★★☆）
     注文したいメニューがないのでお客様が来店してくれないのではないかと感じた。

   - 近隣の店舗に比べて割高な感じ（重要度：★★★★★）
     近隣店舗のメニューと比べて200〜300円高いと思われる。お客様が損をする感じがするので重要度を高くした。

   - 店の特徴が薄い（重要度：★★★☆☆）
     そもそもメニューだけでなく、全体的に何をしたい店なのか、お客様に伝わっていない感じがする。

3. 重要度の高いものから改善案を出す

・近隣の店舗に比べて割高な感じ（重要度：★★★★★）

　売上を増やすには客単価を上げるか客数を増やすしかない（売上＝客単価×客数）。近隣のお店より高いからといって単純に値下げをすると、売上が落ちてしまう。近隣店と値段で勝負するなら200〜300円からさらに下げなくてはならないだろう。すると相当数の客数が上乗せできないといけない。これは難しい。

　そこで、客単価に見合った中身や付加価値が必要になってくるという改善案が見えてくる。具体的に基本アイデア術の「足す」「誇張する」「変換する」「崩す」などが使えそうだ。メニューの中身、サービスなどを考案していく。

・魅力的なメニューが少ない（重要度：★★★★☆）

　そもそも、店の特色は何だろう。店のコンセプトは何だろう。お客様のニーズや潜在的なお客様を考え、メニューを改善していこうと計画を立てる。男性のお客様向けにボリュー

ムランチ(「誇張する」)? 女性のお客様向けにデザート追加、写真に映える見た目のきれいなワンプレートランチ(「足す」)? どちらかの方向性に絞るのか、両立させるかなどを考える。

・店の特徴が薄い (重要度:★★★☆☆)

　これも店舗の方向性が見えないことで起きるもの。「店のコンセプトが○○だからメニューの方向性は○○」と関連づけていく。そしてその内容を店内で告知したり、ホームページで案内していく。店がお客様のサードプレイス(家、会社に次ぐ3番目の場所)として認めてもらえれば、来店頻度も上がる。来店頻度が1.3倍になれば、売上＝(客単価×客数)×1.3になる。

　このように改善案を考えてまとめていく。こうした資料をもとに、予算とスケジュールがわかるようにして、経営者に相談するとよいだろう。

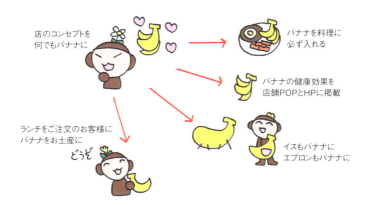

なぜなぜ分析
~トヨタ式問題解決方法~

　トヨタ自動車工業の問題解決方法に「なぜ?」を5回繰り返すという方法がある。1回や2回の「なぜ?」ではなかなか根本的な問題点にたどりつけない。「なぜなぜ?」と深く問題点を分析することで、問題の核心が明らかになってくる。

メリット・デメリット
・トラブルやミスの根本的な原因を明らかにできる
・「根本部分」にたどりつくのは一本道ではなく、方向を見誤ると違う方向に行ってしまう(何が問題なのか見抜く力も必要)

手順
1. 問題の原因を探るため「なぜ?」を自問自答、もしくは担当者に質問する

    ※相手に質問する場合、「なぜなぜ?」と問い詰めると非常に感じが悪いので、原因分析であることを最初に伝えたい

2. 答えが出てもそこで終わりにしないで、5回を目安に追究していく(5回という回数に意味があるわけではなく、あきらめないで深く追究することに意味がある)

「なぜ?」を5回を目安に深く追究していく

具体例

> 毎週、社内の全体会議がムダに思える
> 本当に必要なのか分析してみる

1回目：なぜ会議が必要なのか？
　　　→社内全体の動きがわかるから
2回目：なぜ会議である必要があるのか？
　　　→昔からそれが当たり前だから
3回目：なぜ当たり前なのか？
　　　→社長の指示に誰も文句が言えず、そう思い込んでいる
　　　（実際は会議を使うまでもないという意見多数）
4回目：なぜ社長は会議をしたいと思うのか？
　　　→社内全体の仕事を聞いて安心したいから
5回目：なぜ安心したいのか？
　　　→売上目標に進んでいる実感が欲しいから

　このように追究していくと「社長の安心感」と「慣習」というものが見えてくる。そこで行動内容を書面かデータで共有する方法を提案し、ムダな時間や会議資料作りのロスを説明して、社長に会議廃止を承認してもらうなどの改善策を実行する。
　なお、このような社長を動かすには論理的な説得が必要不可欠である（4章、5章を参照してほしい）。

最初は表層的なことしか出てこなくても、繰り返すことで問題の本質が見えてくることも…

1人ブレインストーミング
~投影法~

大勢でアイデアを生み出す方法として有名なものがブレインストーミング(以下ブレスト)である。企業や組織では会議室にこもってブレストをするケースも多い。ただし大人数を集めておこなうブレストは重たい(大変である)。ここでは1人でできるブレストを展開し、アイデアを出していく方法を解説する。

メリット・デメリット
・手軽に1人でできる
・視野が狭くならないような工夫が必要

手順
1. テーマにそって自由な意見をメモする
   (1) アイデアを批判しない
   (2) 思いついたら大胆な発想でも言う
   (3) 質にこだわらずに量を出す(アイデアの発散)
2. アイデアを分析する(アイデアの収束)
3. アイデアが尽きたら、自分が別人になったつもりで繰り返す

最初に、テーマにそって自由にアイデアを列挙していく。簡単にメモを取っておくのがいいだろう。このとき「このアイデアはダメだな」「ありえないな」と批判やブレーキをかけないで、発散的にどんどん列挙していくことが大事だ。

するといつかアイデアが切れるだろう。行き詰まったら次に類

似したアイデアをまとめたり、グループ化したりして分析してみよう。するとここで新しいアイデアが再び出てくることがある。それをさらにメモしていこう。アイデアを整理することでも、新しいアイデアは生まれてくるものだ。

　それでも煮詰まったら、自分の中のキャラクターを変えてみよう。別人になったつもりでメガネをかける、言葉遣いを変えるといった工夫をすると、よりそのキャラクターになりきれる。
　たとえば「異性」になってみる。異性の視点でもう一度アイデアを出してみよう。異性になりきることがポイントだ。さらに「若手」になったつもりで軽い気持ちで考えてみる。「オタク」になって何かにこだわったりする視点で考えても、新しい発想が出てくるかもしれない。さらに斬新なアイデアが必要ならば「ナポレオン」「織田信長」のような歴史的な人物になりきってアイデアを出してみると面白い発想が得られるかもしれない。

　まとまったアイデアをさらに基本アイデア術のところで説明したように、「足す」「引く」「誇張する」「変換する」「崩す」などしてブラッシュアップすることで、アイデアがまとまっていくだろう。実際に、新しいスマホの機能についてのアイデアを、1人でブレストしてまとめてみよう。

色々なキャラクターになりきってみることで、1人でも色々な発想が得やすくなる

仮説思考
~仮説分析手法~

アイデアに対して「1人ブレインストーミング」などは、ボトムアップ型のフレームワークと言える。これには時間と情報集めなどの時間がかかる。ある程度アイデアの形が見えているなら、トップダウン型で仮説を立てて立証していく「仮説思考」などの思考法のほうが断然早い。脳の特性上、「比較」検討が明確にできるので、質の高いアイデアが生まれやすい。

メリット・デメリット
・情報集めの時間などを短縮でき、速いスピードで結論が出る
・考える時間が与えられ、アイデアの質が高まる
・「仮説」が立てられるアイデアに限られる
・意外性を含むアイデア立案に弱い

手順
1. アイデアの仮説を立てる
2. 仮説に必要な情報のみを集める
3. 集まった情報でアイデアを分析、検証する
4. 「足す」「引く」「誇張する」などでアイデアを修正

具体例
1. **アイデアの仮説を立てる**
　両親に感謝を込めて何かしたい。「2人が行きたがっていた北海道旅行なら豪華なプレゼントになる」と仮説を立てた。

2. 仮説に必要な情報のみを集める

プラン作りに必要な情報を集める。途中、母親をリムジンに乗せようとひらめいた。そう言えば、母親は一度リムジンに乗ってみたいと話していた。そこで、リムジン送迎付きプランを加えた。他にも両親が食べたそうなもの、興味を持っている場所を調べてみる。その中で父親が最近、痛風を患っているのを知る。

3. 集まった情報でアイデアを分析、検証する

友人に自分の考えを伝えて反応を確かめてみると、内装まで変えてくれるリムジン会社があるという情報をもらえた。実際に両親と同じ年代の知り合いにプランを見せたら、その年なら移動距離が短いほうがいいと言われた。

4. 「足す」「引く」「誇張する」などでアイデアを修正

食事を豪華版に(「誇張する」)、その一方で痛風の父親のために貝類、海老を除いてもらった(「引く」)、リムジン会社に相談し、帰りのリムジン内に両親への感謝状を飾り(「誇張する」「足す」)、予定していた函館行きを移動距離を考えて小樽のガラス工場見学に変更(「変換する」)。

これにより、「仮説から立証していくことで他の人の意見も取り入れることができて、自分の仮説がよりよくアレンジできる」という効果が期待できる。

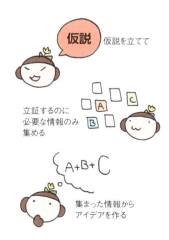

ロジックツリー分析
~視覚的分析法~

　論理的な思考を視覚化して問題の原因を探り、解決策を考え、アイデアを生む手法に、ロジックツリーを使う方法がある。視覚的に導線が確認できるので論理的に現状を把握でき、多方向のアイデア作りに結びつく。

メリット・デメリット
・視覚的に導線が確認できる。自分も他者も理解しやすい
・複雑で複合要因のある問題、アイデア作りには向かない

手順
1. 最初に問題を設定し、四角く囲む
2. その対応策を書き出し、棒線で結ぶ
3. ツリー状に広げ、具体的なアイデアを見出す

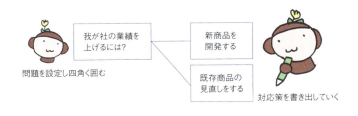

2章 アイデアを「作る」技術

具体例

住宅地にあるカフェで新しいメニューを考案したい

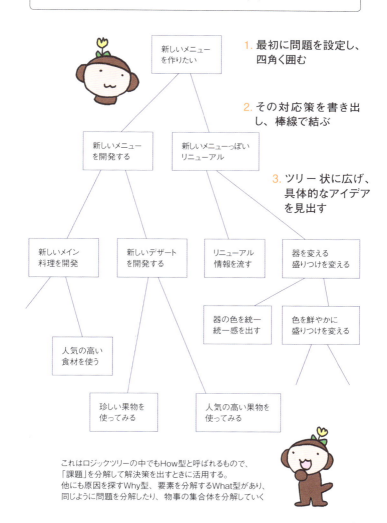

1. 最初に問題を設定し、四角く囲む

2. その対応策を書き出し、棒線で結ぶ

3. ツリー状に広げ、具体的なアイデアを見出す

これはロジックツリーの中でもHow型と呼ばれるもので、「課題」を分解して解決策を出すときに活用する。
他にも原因を探すWhy型、要素を分解するWhat型があり、同じように問題を分解したり、物事の集合体を分解していく

モノになってみる
～視点変更術～

　色々と考えてもなかなかよいアイデアが出てこないなら、いっそのことアイデアを必要とする「モノ」になりきって考えてみる。「自分が掃除機になったら、意外と移動しにくい場所があるな」などと見えてくるものがあるだろう。そのような不都合な部分や改善点を、アイデアとして拾っていく。

メリット・デメリット

・利用する側でなく、される側になることで視点が変わる
・どの程度なりきれるか、「なりきり度」が問われる

手順

1. 自分が対象の商品、キャラクターなどになりきる
2. なりきった形で使われたり、移動してみる
3. 不都合な部分やあったらよい部分などをアイデアとして出す

シャープペンシルになってみる

芯が折れたときの音と振動が不快と感じる

芯が折れても音が出ない、振動がないシャープペンシルの開発を考える

＊こうしたフレームワーク（発想法）はまだまだたくさんある。気になる人は関連本を書店で探してみてほしい。

3章

アイデアを「考えない」技術

第1ステップ	アイデアのタネを集める
第2ステップ	アイデアを「作る」(論理的システム)
▶ 第3ステップ	「作る」のをやめる(直感的システム)
第4ステップ	アイデアを「整理する」
第5ステップ	アイデアを「魅せる」
第6ステップ	アイデアを「伝える」

　この章では第3ステップに進もう。アイデアを「作る」のをやめて、直感的システムを活用する。そのための、基本的な直感促進術と直感的フレームワークについて説明していく。

6つの基本的な直感促進術と直感的フレームワーク
~直感的システムの実際／システム発動の手順~

　論理的な手法でじっくりとアイデア作りに向き合ったが、なかなかよいアイデアが浮かんでこない。そんなときは脳内にあるもう1つの直感的システムを活用したい。

　この直感的システムは、いつ作動するかが不明確であるが、発動しやすいタイミングや状況はある。その環境作りとして、基本的な6つの直感促進術（シチュエーション）＋αを用意した。まずはこの準備段階を経て、それぞれ実践してみてほしい。

◎準備

1. 論理的システムを使い「じっくり考える」
   ※一度、じっくりと考えた後のほうが発動しやすい
2. 次に「考えること」をやめる。すっぱりと忘れてみる
3. 頭を「無」にし、以下の「基本」を実行してみる
   ※脳内にスペースを空ける行動をしておくと発動しやすい
4. それでも何も浮かばなかったら再び論理的システムに戻る。
   もしくは他の直感促進術を試してみる

基本1 「歩く」
気に入った場所でも、はじめて行く場所でもよいので歩くこと

基本2 「お風呂に入る」
風呂に入り、リラックスする（考えながら入らない）

基本3 「寝る」
考えることを続けず、気持ちを切り替えて寝る

基本4 「ノート・雑誌・漫画・書籍を見る」
刺激の力を借りてみる。様々な刺激で脳を活性化する

基本5 「話を聞いてもらう」
情報を得る目的ではなく、自分の中で整理することが目的

基本6 「お酒を飲む」
適度なアルコール摂取で直感的システムを優位にする

またこうした基本的な促進術に加え、アイデアを作るために考えられた直感的フレームワーク（発想法）を活用する方法もある。本章の最後では、自分の直感力を活用するためのフレームワークについて、2例を紹介している。

基本1 「歩く」
~セロトニン効果で直感的システムを開く~

　論理的アイデア術を駆使してもアイデアが浮かばなかったら、とりあえず考えることをやめ、外に出て歩くことをお勧めする。

　実は散歩には重要な意味がある。それは散歩のようなリズミカルな運動を繰り返すと、脳内のセロトニン神経が活性化してセロトニンが分泌される。セロトニンは気持ちを切り替えさせ、気分を安定させる効果がある。アイデアが出ない「焦り」がすっと小さくなるだろう。

　また1章p.40で紹介したドーパミンと同じような神経伝達物質にノルアドレナリンがある。不安、恐怖、緊張といった精神状態と深い関わりがある物質だ。ドーパミンやノルアドレナリンは不足すると気力がなくなるし、暴走すると怒りや不安を生む。そうしたドーパミンやノルアドレナリンをコントロールする機能がセロトニンにはあり、精神的に安定させる作用も持つ。前向きな気持ちになり、緊張状態が落ち着き、気持ちをうまく切り替えることができ、直感的システムが開く可能性を秘めている。

　セロトニンをより活性化させるには、太陽光を浴びてリズム運動をするのがよい。太陽光を浴びると睡眠ホルモンのメラトニンの機能が低下し、セロトニンが活発になる。セロトニンは脳を覚醒させ、頭をクリアにする。またセロトニンの分泌にはリズム運動がよく、ゆっくりと歩くというより、リズミカルに少し早足で散歩するほうがよい。序章p.12でも紹介したように、散歩してアイデアをまとめるのはスティーブ・ジョブズもマーク・ザッカーバーグもやっていた方法である。彼らのような上級者になると、歩

きながら色々と思考をめぐらし、頭の中を整理するのかもしれないが、まずは考えずにリズムを感じながら散歩するだけでもいい。

　なお散歩は、途中で目に飛び込んでくる風景や情報が脳への刺激となって発想のトリガーとなる可能性を秘めている。脳がどのタイミングで直感を生むかは謎に満ちている。しかし、外部的な刺激があるとその可能性は格段に増す。目的を持たずに自由に散歩し、色々な刺激に触れてみることだ。

ゆっくりとリズムよくかむこと

　もし散歩ができないなら音読も効果的だ。好きな本でも、たとえば本書でもいい。リズムを意識しながら音読してみる。またもっと手軽なのはガムをかむことだ。セロトニンが活発になるだけでなく、脳への血流がよくなる。同様に食事のときはよくかんで食べることも意識してやってみてほしい。

基本2 「お風呂に入る」
～リラックスがつくる直感～

　序章p.12で紹介したアガサ・クリスティやアルキメデス以外にも、入浴中にアイデアが浮かぶという人は多い。一般の人にも机以外でアイデアが浮かぶ場所をアンケート調査すると、お風呂と答える人がもっとも多かった。

　直感的システムがいつどこで開くかには、大きな個人差や複合要因があり、不安定だ。しかし、リラックスしている状態のときに開きやすいことがわかっている。適度な温度（やや低め）のお風呂にゆっくり入ると脳波が θ（シータ）波になる。これは瞑想状態と同じで、直感的システムが開きやすい状態とも言える。タイル張りなどで個室のお風呂では、色々な情報が遮断される。そんな環境もひらめきを生みやすい。

　直感的システムが開く直前、脳の視覚野が一瞬閉ざされることがあるという研究結果がある。論理的システムが優位のときは、視覚野を含め色々な情報を取り込もうとするが、直感的システムが優位になる瞬間、情報を遮断して潜在的な記憶の中に意識が向かうためだとも推測されている。そのためお風呂では何も考えずに「無」を楽しむことがアイデア作りにはよいと推測される。

　ただ、もし閃光のように直感が走っても、瞬時に忘れてしまうことがあるので注意が必要だ。ひらめきは論理的思考の上に成り立っているので、一度ひらめいても忘れにくい。ところが直感は感覚的なものなので、短期記憶としても残らないことが多い。残念だが急いで体をふき、服を着てメモを取りに行っても間に合

わないのだ。そのためアイデア思考期間中に入浴する場合は、必ずメモ帳を脱衣場まで持っていくことを強くお勧めする。

ゆっくりお風呂につかって無の境地にいたっても、なかなかシステムが起動しないなら、そのときはアガサ・クリスティのようにリンゴなどの硬いものをリズミカルに咀嚼(そしゃく)して刺激を脳に送り、セロトニン効果を期待する方法もある。

入浴中にこの直感的システムを促進する方法をまとめておく。

1. メモ帳を脱衣場に置く
2. 心地よい温度のお風呂に入り、ゆっくりと深く呼吸
3. 何も考えない。ゆっくりと呼吸して頭を「無」にする
4. リラックス状態を楽しむ
5. それでもダメなら硬いものをリズミカルに咀嚼してみる
6. 直感が訪れたらすぐにメモを取る

基本3 「寝る」
~記憶を整理する自動システムを活用する~

　序章p.10で紹介したように、アウグスト・ケクレのベンゼンの構造式、湯川秀樹博士、ダリ、ポール・マッカートニーと、寝ている間に直感的システムが開き、夢を通じてヒントを得た偉人は多い。

　1章でも紹介したように、睡眠中は記憶を整理して、必要なものと不必要なものに分けて海馬から大脳皮質に送っている可能性が高い。夢は整理の過程で一度再現されているもの、という有力な研究もある。論理的なシステムで「考えて、考えて」と脳を回転させて、それでもよいアイデアがひらめいてこないならば、一度考えることを停止して、後はこの直感的システムに期待してみる方法がある。アイデアが出てこないうちに寝るという行動に移るのには勇気がいる。だが論理的システムが機能しないなら、他の方法を試してみる価値はありそうだ。

　「夢はレム睡眠(脳は起きている状態)のときに見るもの」と記憶している人もいると思うが、近年の研究では、ノンレム睡眠のときも夢を見ていることがわかってきている。起きたときに覚えている夢は、目が覚める直前に見ていた夢であると言う。ではこの夢をコントロールできるのだろうか？　睡眠研究で世界一と名高いスタンフォード睡眠研究所の実験では、見たい夢を見るのは不可能だったとされている。残念だが、都合よくはコントロールできないようだ。

　しかしながら、直感的システムだけでなく翌日の脳の活性化の

ためにも、よい睡眠は非常に大事である。ショートスリーパーという遺伝性の特殊な人を除いて、睡眠は6時間程度しっかりと取るほうがよいと睡眠研究者は考えている。寝不足は翌日の脳の活動に影響が出る。睡眠のクオリティを上げるには体温が重要。寝る90分前に入浴を済ませておくと、体の皮膚温度と深部温度の差が縮まり、スムーズに入眠できると言う。また記憶の備蓄という「アイデア備蓄期」は、学習後、早く寝たほうが効果的だが、直感的システムをうまく使おうとする「アイデア集中期」では、**考察（論理的システム）→ お風呂（直感的システム）→ 90分後 → 睡眠（直感的システム）** と応用できるだろう。

この直感的システムを睡眠中に促進させる方法をまとめる。

1. 覚醒中に、論理的システムでアイデアを出そうと頭を使う
2. 睡眠90分前に入浴を済ませる
3. 夢に興味を持つ。夢を見たいという気持ちで眠ること
4. 覚醒時、気になる夢を覚えていたらメモに残す
   （すぐに忘れてしまうため）

基本4 「ノート・雑誌・漫画・書籍を見る」
〜刺激をトリガーに直感的システムを起動する〜

　刺激を与えて直感的システムを起動させる方法がある。たとえば「ノート（メモ帳）」は活用できる。序章から準備を進めてもらえているなら、あなたの手元にはノート（メモ帳）があるはずだ。日々書き込んだ情報を見返してみよう。すっと頭の中で何かと何かが結ばれて直感が生まれる可能性がある。気がついたことを新しく書き込んでもよい。

　レオナルド・ダ・ヴィンチは40年間にわたり様々なものをデッサンとともに書き残した。物理学、地理学、解剖学、光学、幾何学、鳥の飛翔、植物学、動物学など5,000ページが現存しているが、実際は3倍の15,000ページはあったと言う。発明王エジソンも大量のメモ（大学ノート3,500冊分）を残していて、アイデアの源泉はそのノートにあったと言われている。エジソンはメモを見返す習慣があり、日々読み返してアイデアを着想していた。

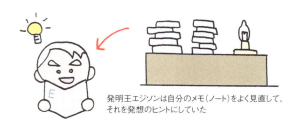

発明王エジソンは自分のメモ（ノート）をよく見直して、それを発想のヒントにしていた

　雑誌、書籍もアイデアのトリガーとなりうる。色々と制約がある中で新しいデザインを生まなくてはいけないカーデザイナーは、様々な雑誌を見てアイデアのヒントにしている。雑誌は特にトレ

ンドに敏感なので、新しいアイデアを考えるときに読むと、何かピンと直感を得られることがある。

　論理的システムを使って「何かマネしよう」と貪欲に見るのもいいが、興味のある雑誌を何も考えずに読むだけでもよい。

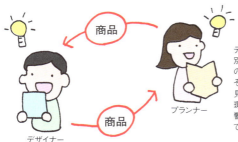

デザイナー、プランナーが別な業種の商品から何かの直感を得て商品にして、それをまた別業種の人が見て商品を作るといった循環もある。アイデアは影響を与えながら社会を回っている

　また視覚的な情報が詰まった漫画はネタの宝庫でもあるし、新しい書籍の表現から何かを触発されることもある。日本には色々なジャンルの漫画がたくさん存在する。これを使わない手はない。書籍なら、「タイトル」が使える。書店に行ってみて色々なタイトルを眺めているだけで直感を得られることがある。関係がある書籍の棚前に行くというより、最初は何も考えずにふらりと回り、最終的にテーマに近いコーナーを見てみるとよいだろう。

図書館や書店はアイデアのヒントになる宝物がいっぱい

基本5 「話を聞いてもらう」
～情報の整理～

　心を「無」にして歩いたり、お風呂に入ったり、寝たりしてもなかなかアイデアが出てこない。ノートや雑誌を参考にしてもピンとくるものがなかった。何だか心の中でモヤモヤしてよい考えが出てこない、という場合は、それまでの途中経過を誰かに聞いてもらうという手がある。同僚でもいいし、先輩でも後輩でもいい。家族でも友人でもいい。誰かに話を聞いてもらうことである。

人にアイデアを説明をしていると、話しながら新しいアイデアが浮かぶことがある(アウェアネス効果)

　人は相手に説明する過程で、頭の中で情報を整理しながら話をしている。「順序立ててどう説明すると理解してくれるのか」と考えながら話をしている。すると突然、「あっ、そうだ」とアイデアが浮かぶことがある。これをアウェアネス効果と呼んでいる。アウェアネスとは「気づき」「理解」という意味である。それは整理ができて「なるほど」と思う論理的な「ひらめき」のときもあるし、感覚的な「直感」のときもある。

人に説明しようと頭の中で整理していくとき、「口に出して説明する」「思考を繰り返す」などをしていて、刺激に反応してアウェアネスを得る可能性も考えられる。また整理によって空いた脳のスペースのおかげで、直感的システムが開く可能性もある。脳の中に空白状態があると、直感が生まれることがあるのだ。

　また整理して説明する過程で、自分がわかっていないところが明確になり、問題点や次にやることが見えてくることもある。他者に説明するというのは、論理的システムの一部でもある。再び「考える」ことに戻ると、新しい発見があるかもしれない。机上でいくら考えても、一定の時間以上になると効率が下がる。そんなときは話を聞いてくれる人を探してみるとよい。

　また、人には話を聞いてもらいたいという欲求があり、話を聞いてもらうことで心がスッキリとする。これはカタルシス効果と呼ばれる。気分がスッキリすると、また違う視点でものが見られるようになる。

人に話を聞いてもらうと
心がスッキリする（カタルシス効果）
リラックス状態を作りアイデアが
生まれやすくなる

基本6 「お酒を飲む」
～直感的システムを優位にする～

アイデアが生まれやすい場所を表す「4b」という言葉がある。Bed（ベッド）、Bathroom（バスルーム）、Bus（乗りもののバス）、Bar（バー）である。ベッドの中、お風呂、移動中、そしてお酒を飲んでいるときだと言われている。

お酒にはアイデアを生みやすくする効果があるのか？

ここで問題

この3つの漢字に共通して後ろにつく漢字は何？

正解は……野

アメリカのイリノイ大学の研究によると、少量のお酒を飲んだ人のグループは、集中力を必要とする問題の正解率が低かった。だが、創造力が必要な問題では、お酒を飲んでいないグループより40％も正解率が高かったと言う。問題は、3つの単語を与えて、3つすべてに関連する4番目の単語を探すというもの。そう、上記のような直感的な問題は、アルコールが入っていたほうが早く解答できるという不思議な現象を生み、血中のアルコール濃度が

0.075％のときに、もっとも高いパフォーマンスを得たと言う。ビール（350mL缶）で2〜3本程度、もしくはウイスキーのシングルで3杯程度である。飲み過ぎても効果が下がるので注意してほしい。

また、オーストリアのグラーツ大学の研究チームがおこなった実験でも、アルコールを飲んだ者の実務能力は低下するが、創造的な問題解決能力が向上したと言う。創造的な能力がなぜ向上するのかは、一点に集中しがちな人の視野をアルコールの力で広げ、創造的な能力を発揮しやすくなるからだと研究チームは考えている。つまり論理的な能力、分析的な能力を下げてしまう代わりに、直感的システムが優位になるという可能性が見てとれる。またアルコールによるリラックス効果も、直感的システムに対してよい影響を与えていると考えられる。

セレンディピティ誘発法
~偶発性アイデア発想法~

よいアイデアは偶然の出会いから生まれることもある。偶然、幸運に出会うことをセレンディピティと言う。イギリスの政治家・小説家であるホレス・ウォルポールによる造語であり、英語圏では広く使われる言葉である。ヒット作や発見に恵まれる人は、このセレンディピティに恵まれている。

ただし、これは単なる偶然とは言い切れない部分があり、「行動すること」「気づくこと」で、出会いと発見の確率は上がる。そこでセレンディピティを誘発する方法を紹介する。

メリット・デメリット
・論理的に深く考えることなく、直感的によいアイデアに出会える
・偶発性に依存するところがあり、結果の保証はない

手順
1. 自分はよいアイデアに出会うことができると思い込む
2. まず「行動」。計画を立てないで思いのままに行動してみる
3. ぶらりと店に立ち寄ったり、ものを手に取ったりして、常に何か「行動」をしてみる
4. 3. で得られる情報は無数に存在する。何かの刺激を感じたら、対象物と感じたイメージをメモする
5. そのまま具体的なアイデアとして変形できそうなら、刺激を受け取って問題と自由に連想する
6. うまくまとまらないなら、焦らず次の「行動」に移行する
7. 1日の最後にノートを開いて、最初から眺めてみる 基本4

8. お風呂に入り 基本2 、寝て 基本3 、アイデアが「直感」として生まれるのを待つ
   ※7.と8.の間に、お酒を飲むこと 基本6 を実施してもよい。思考のバリアが薄れて「直感」が降り注ぐことがある。それぞれの 基本 についてはp.89参照

● **セレンディピティから生まれたもの**

生物学者のフレミングはブドウ球菌の研究をしていた。ところが、ブドウ球菌の培養に使うシャーレにアオカビの胞子が入り込んでしまい、汚染(コンタミネーション)が起きてしまう。

シャーレでアオカビは増えていったが、フレミングは長期旅行に出かけていた。ところが旅行後のある日、彼は、アオカビの周囲にブドウ球菌が生えていないことに気づく。それで、何かあると感じてアオカビの研究を進め、世界初の抗生物質、ペニシリンを発見したというわけだ。アオカビという珍しいカビが入り込んだ偶然と長期旅行という偶然に、フレミングの「気づき」が重なったことで、後に何百万人の命を救う薬が誕生した。

アイデアしりとり
～連想アイデア考案術～

「しりとり」を使って延々と直感的にアイデアを出し続ける「アイデアしりとり」という方法がある。「リンゴ → ゴリラ → ラッパ」としりとりを続けながら、末尾の言葉から連想するアイデアを出していく。

メリット・デメリット
・誰でも楽しみながら簡単に大量のアイデアを量産できる
・大量に発想した中から使えるアイデアはごくわずか

発案者
高橋晋平氏(株式会社ウサギ代表取締役、株式会社バンダイ元社員で「∞(むげん)プチプチ」の開発者)

手順
1. しりとりをして、末尾の言葉から連想するアイデアを出す
2. 100個のアイデアを出し、中からアイデアを複数選定する
3. 選定したアイデアを誰かに見せて評価してもらう
4. 残ったアイデアを修正して使用する

リンゴ → 50円均一
ゴリラ → ラジオ体操大会

具体例

> 「町おこし」のイベントを考えているが、アイデアが出ない
> 「アイデアしりとり」をしてみる

1. 「町おこし」→「鹿」：ジビエ料理の開発、
   「鹿」→「果実」：果実のブランド化、
   「果実」→「釣り」：巨大釣り堀を作る、
   「釣り」→「リス」：リスがたくさんいる動物園を作る…
   こんな要領でアイデアを出す。質を考えず数を出していく。
2. 100個出した中から「果実ブランド化」「古民家再生」「ゆるキャラを作る」をピックアップ。これを人に見てもらう。
3. 知人にアイデアを見せたところ、テレビで南米産の変わった果実を紹介していたことを教えてもらう。
4. 現時点では対象の町における主要な果実が不振なので、日本で栽培ができないか調査・検討しつつ、アイデアとして提案することにした。

アイデアが生まれる
面白いアプローチで直感的に意外性の高いアイデアが出てくる可能性がある

頭のトレーニングになる
スピードにのせてどんどん連想していくことで、脳の回路が鍛えられる

実際のアイデア作りだけでなく、発想法のトレーニングにもなる

「リラックス」と創造性
~リラックスすることで視野が広がる~

　私たちの目には、仕事中や移動中、色々なものが飛び込んでくる。その膨大な情報を脳は処理していると思うかもしれない。だが実は、視野にあるもの全部を見ているわけではない。細かいものは見えてなくて、全体像（全体イメージ）を見ているに過ぎない。色々と見えているつもりになっているだけであり、ディテールは見えていないのである。

　創造性に必要な「気づき」は、リラックス状態で周囲を見ることによって生まれる。何かを見ようと「こだわっている」と、大事なものを見逃してしまう。私たちはリラックスした状態で周囲を見渡す必要がある。散歩も、入浴も、飲酒もリラックスした状態であるからこそ、新しいものが見えて、それを受け入れることができる。つまりアイデアがわいてくるのである。論理的な思考でアイデアが浮かんでこなかったら、考えることをやめて、リラックスした状態で色々なものに触れてみるとよい。

4章

アイデアを「整理する」企画術

第1ステップ	アイデアのタネを集める
第2ステップ	アイデアを「作る」（論理的システム）
第3ステップ	「作る」のをやめる（直感的システム）
▶ 第4ステップ	アイデアを「整理する」
第5ステップ	アイデアを「魅せる」
第6ステップ	アイデアを「伝える」

　アイデアが出来上がったことを受けて、この章では確認し、整理するステップに進む。この作業をおろそかにしてはいけない。

アイデアを「企画」に昇華させる
~アイデアを整理する~

　論理的システムと直感的システムを活用し、よいアイデアが生まれたとしても、それで終わりではない。アイデアを相手に伝え、相手にもよいと感じてもらえなくてはアイデアの価値はない。

　よく失敗するのは、「よいアイデアが生まれ、急いで伝えようとしたが、相手にどう説明してよいかわからなくなる」場合。アイデアを断片的にしか理解していない、典型的な失敗例だ。自分のアイデアを理解していないのと同じである。自分が理解していないものを相手にうまく伝えられるわけがない。まずは自分でアイデアの全貌を整理し、十分に理解することが重要だ。

　特に定義があるわけではないが、問題解決のヒントや工夫、案を「アイデア」と呼ぶことが多い。相手にうまく伝えるためにはこのアイデアを「企画」に昇華していくことが重要である。

　端的に言うと、アイデアを「計画」したものが企画だ。たとえば、「次に会社から出す新商品」という課題があったとする。論理的システムで既存のA機能とB機能をつけたABという商品を考えた。さらに直感的システムでCという全く別の付加価値をつけ、ABCという新商品を考えた。これがアイデアである。

　もちろんこのまま誰かに伝えてもいいが、特に会社の場合はそれでは足らないことが多い。このABCという商品を、どういう方法で作り（量産し）、どのように普及させ、どうやって売っていくかと考案し、まとめて計画を立てると、それは「企画」になる。アイデアに成功する根拠や理屈が加わり、あなたの手から離れても、明確に別の人に伝わっていかなくてはならない。

4章 アイデアを「整理する」企画術

まずは作ったアイデアを振り返ってみよう。すべてがそろう必要はないが、確認事項として5W3Hを確認してみよう。この段階で特に重要なのは上位3つ。

〈What〉 何を（アイデアの概要、方向性）
〈Why〉 何のために（目的）
〈Who〉 誰に（対象ターゲット）
〈Where〉 どこで（実施場所）
〈When〉 いつ（実施日）
〈How〉 どのように（展開方法）
〈How much〉 いくらで（予算）
〈How long〉 どの期間（アイデア実施期間）

足らない部分があってそれが必要なものならば、その部分を足していく。そして重要なのが、出来上がったものが依頼者の要望を満たしているか確認することである。作りたいものを作るだけではなく、依頼者の要望をかなえ、依頼者の心を動かせるものか、ここで確認しておこう。

アイデアの「背景」を確認する
～依頼相手の心理を考えた背景設定～

2章の冒頭「アイデアを出す前に設計図を作る」でも解説したが、ここで再度、アイデアが生まれた背景を確認してみよう。この背景を、アイデアを作る側があまり重要視していないことがある。

しかし、アイデアを依頼した側、欲している側にはとても重要なものである。依頼した側が企業なら、そこに担当者がいる。担当者は、あなたが提出したアイデアを会社の上司に提出する。

その際、上司は以下のどちらを真剣に考えてくれるだろう？

❶「よいアイデアの提案がきています」と上げてきた場合

❷「うちの製品にはこんな問題がある」「我が社はこんな現状です」。だから「こんなよいアイデア」を使って、「こんなことを実現しましょう」と上げてきた場合

また、依頼者から「アイデアを考えて」という話があったのであればよいが、こちらからお願いして提案した場合、担当者が自らの責任で上司に提出するメリットを、明確にしてわかってもらう必要がある。自分にメリットがないなら、担当者の心理として真剣に「採用してあげたい」とは思わないだろう。自社内でやり取りする場合も同じである。直接の上司の心理に立って考えてみると、アイデアの「背景」「目的」は非常に重要なことがわかる。

クライアントに提案するならクライアントの背景、自社での提案なら自社の状況はしっかりと洗い出しておこう。

4章 アイデアを「整理する」企画術

・業界での地位
・現状品の売上
・自社(クライアント)の弱みと強み
・弱みが生む危険性、強みが作る可能性
・今後の展望(目指す場所)など
を考えて、

・こうした「背景」があるから

・このアイデアを使って

・こうした「目的」を実現していこう

というところを明確にする。

　よいアイデアはできた。でも「背景」や「目的」が甘いと思ったら、ここで後付けでもよいので、まとめておこう。

背景	このアイデアを使って	目的
・シェアは○% ・売上は○○状態 ・今後業界は○○ ・弱点は○○		・シェアを○%UP ・売上を○%UP ・今後○○が必要 ・強みを作る

わかりやすい

アイデアは「コンセプト」にそっているか?
~コンセプトを確認、修正する①~

アイデアの設計図を作っているなら、「コンセプト(仮)」(2章 p.58参照)があるはずである。それを発展させた「コンセプト」とは、アイデアの骨子となる考え方を表したもので、アイデアの方向性を一言で示すようなものだ。

たとえばである。
ある文具メーカーの社員が自社の文具開発に携わった場合、

背景 自社の文房具の売上が減少(昨年比10%減)
↓
目的 文具の売上を増やしたい(昨年比5%増)
↓
アイデアの方向性
　○インパクトのある新商品を開発したい
　○最高の利便性を追求した文房具
↓
コンセプト(仮) 「究極の多機能ペン」

という流れで設定したとする。
そして実際のアイデアとして、

・7wayシャープペンシル
　(シャープペンシル、赤ボールペン、黒ボールペン、サインペン、ハサミ、定規、コンパスの機能があるコンパクトシャープペンシル)

というものを考えたとする。実際のアイデアを見たら、「多機能ペン」というより、ペンケースの中身そのものが1本のシャープペンシルになっていると感じた。そこで、

コンセプト　「ALLセブンペン」

と修正して再設定した。また実際のアイデアが1つに絞れず、

- 7wayシャープペンシル
  （シャープペンシル、赤ボールペン、黒ボールペン、サインペン、ハサミ、定規、コンパスの機能があるコンパクトシャープペンシル）
- 10色ボールペン
- スマホペン（紙に書くとデータとしてスマホのテキストになる）

となった場合は、アイデアを全体に説明できるように、

コンセプト　究極の利便性文具

などと修正して再設定し、各アイデアを3個の企画案、つまりA案、B案、C案…とまとめるとよい。

コンセプトは単体につけて説明しても全体を通してまとめてもよい。わかりやすくなるし、心理的に価値が上がって見える

単体コンセプト
「○○○○○」

提案商品

全体コンセプト
「○○○○○」

・A案
・B案
・C案
・…

アイデアは「コンセプト」にそっているか？
~コンセプトを確認、修正する②~

もう1つ、別の例で考えてみる。

あるスマホアプリメーカーから、新しいコミュニティーサービスを考えてほしいという依頼があったとしよう。

背景 スマホアプリの乱立。差別化が弱く、課金がうまく進んでいない。新しいサービスのアイデアが欲しい
↓
目的 今までにないコミュニティーサービスを作り、利用者の囲い込みをしたい
↓
アイデアの方向性
- コミュニティーサービス
- 今までにない新しい仕組み

↓
コンセプト(仮) 「新コミュニティーサービス」

という流れで設定したとする。そして実際のアイデアとして、

性格分類によるコミュニティーを作る

というものを考えた。詳しいアイデア内容は下記である。

1. 利用者は最初に複数の心理質問に答える
2. 質問結果からエゴグラム性格分類、色彩心理分類により性格傾向を12パターンに分類し、「Aチーム」「Bチーム」と分類

3. 同じチームの人たちは同じ性格傾向なので、掲示板やダイレクトメールなどでコミュニケーションを取れるようにする
4. 逆の性格傾向の人たちに触発されるようにイベントなどを実施して、チーム同士の交流をナビゲートする
5. 最終的にその性格傾向に合わせてグッズ、イベントなどの案内をする。自分にお金を使う性格傾向のチームにはエステやメイクなど、アウドア性格傾向のチームにはキャンプグッズなどを勧める。ダイレクトマーケティングを展開して利益を得たい

以上のアイデア内容から、

コンセプト 「性格診断コミュニティーサービス」

と修正して再設定をした。

また性格分類だけでは面白くないので、「赤のクマさんチーム」「緑のウサギさんチーム」など動物を組み合わせて楽しんでもらえるようにアイデア自体を修正した。

このように、コンセプト（仮）→ コンセプト → アイデア修正といったように進め、ブラッシュアップを図ることも大事。

コンセプト（仮）→アイデア修正→コンセプト修正→アイデア修正など大枠の中でアレンジして、さらによいものにしていく作業をする
そして企画書・提案書には最後のコンセプトを「最初からこれを考えていました」と自信を持って記載する。提案にはこの自信のある感じが大事

アイデアはいくつ必要か？
～人は選択肢が多いと選ばなくなる～

アイデアはたくさんできたけれど、いったいいくつぐらい提案するとよいのだろう？　そんな疑問があるかもしれない。

せっかく苦労して考えてアイデアだから、できるだけ持っていきたいと考えるのが普通だ。ところがである。テーマや業種にもよるが、具体的なアイデアなら一般的に、3案～6案がよい。

3案～6案からだと
自分が必要としている
ものを決められる

提案数が多過ぎると
どれを選んだらよいのか
わからなくなってしまう

これにも理由がある。人の判断基準は「比較」である。人は何でも比較するかわりに、比較物が多過ぎたり、複雑になると「選ぶのをやめる」という傾向がある。

コロンビア大学ビジネススクールのシーナ・アイエンガー教授とスタンフォード大学のマーク・レッパー教授は選択肢の数と購買意欲に関する実験をしている。北カリフォルニアにあるスーパー

マーケットにジャムの試食ブースを作り、6種類のジャムと24種類のジャムを並べて買い物客の反応を調べるという実験を行った。6種類のジャムが並べられていたときは買い物客の40％が試食し、24種類のときには60％の人が試食した。しかし、驚くのは実際の購入率だ。6種類のジャムは買い物客の30％が購入したが、24種類のジャムでは3％しか購入につながらなかった。

　この実験は選択肢が多いほど魅力を感じて注目を集めることはあるが、実際に買うだんになると迷ってしまい、購入意欲が削がれてしまうということを表している。

　居酒屋に行ってメニューがあり過ぎると嬉しいと思う半面、注文を決めることが面倒になり、店員さんに「お勧めは？」と聞いてしまうのにはこうした背景がある。

　またポーポー・プロダクションがテレビの通販番組の担当者に話を聞いたところ、バッグなどの商品は、色数が5種類のときにもっとも販売数が伸びたと言う。多過ぎると選べず、少ないと欲しいものがないと思われてしまう。

　アイデアを提案する場合も同じである。デザインなどの視覚情報のアイデアや簡単なものならば、5案を軸に±1案程度。商品やサービスなどの説明を要するものは、4案±1案程度に集約するとよい。何がひっかかるかわからないから、とりあえずたくさん持っていくというのは感情的には理解できるが、科学的にはあまりよい方法とは言えない。

　数を増やすためや、比較させるためにあえて「捨て案」という通す気のない案を付加することも一般的におこなわれている。

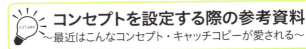
コンセプトを設定する際の参考資料
~最近はこんなコンセプト・キャッチコピーが愛される~

　コンセプトはアイデアの骨子や方向性を一言でまとめたものである。このコンセプトは自由に設定してよいが、そこで好まれる言葉の傾向について、紹介しておきたい。

　1章p.36などで、人には損失回避の性質があると説明してきた。その傾向は年々高まっていて、商品開発や顧客サービスの現場で、ぜったいに無視できないものになっている。このことを念頭に置いて、コンセプトやキャッチコピーを決めたい。たとえば、「誰でも使っている」「多くの人が使っている」という言葉は、損失回避の性質を逆手に取ったものだ。見たり聞いたりした人が「使わないと損をするかも。私も使おう」と思う可能性がある。さらに「100名の医師が開発に携わった安全な○○」「97％の人がまた使いたいと言った便利な○○」などは、お客様にも社内の人にも好まれる言葉である。

　また「1位」という見せ方も大事。正直に「全国で6位」と見せるよりも、「この地域で1位」と見せるほうが印象がよい。品質がよい、業績がよいではなく、「業界1位」と表記するほうが見た目はよい。この「1位」を選ぶ心理も、損失回避や安心感を得たいという傾向によるものである。

　コンセプトを設定するときに参考にしてほしい。

5章

アイデアを「魅せる」まとめ方

第1ステップ	アイデアのタネを集める
第2ステップ	アイデアを「作る」（論理的システム）
第3ステップ	「作る」のをやめる（直感的システム）
第4ステップ	アイデアを「整理する」
▶ 第5ステップ	アイデアを「魅せる」
第6ステップ	アイデアを「伝える」

　この章では、企画書・提案書でアイデアを「魅せる」技術を紹介する。企画書の作り方を通して、アイデアを実現するためのテクニックを紹介したい。

企画書・提案書にまとめる
~アイデアを伝える基本書式~

4章の第4ステップで、アイデアを整理しコンセプトをまとめることができたら、次にアイデアをよりよく魅せる作業が必要になる。相手の心を動かすためにもっとも簡単でわかりやすいのは、「企画書」にすることである。企画書とは、アイデア(問題解決方法、イベント、新商品など)が、

> ❶ どんな背景で生まれて
> ❷ どんな目的を持っていて 〈Why〉
> ❸ 誰に対して 〈Who〉
> ❹ どんな方向性で 〈What〉
> ❺ どんな具体的なアイデアを 〈What〉
> ❻ どんな根拠(データ・理論)のもとで
> ❼ どんなスケジュールで 〈When〉
> ❽ どんなメンバー・体制で 〈How〉
> ❾ どれほどの予算で 〈How much〉
> ❿ どの場所で 〈Where〉
> ⓫ どの期間、または期間限定・期間設定なしで 〈How long〉

実施されるかといったことをまとめたもの。もちろん企画によってはいらないものや、足らないものもあるが、こうしたものがベースにあると考えてほしい。

特に❻以降はデータを集めたり、調査をしたり、社内調整も大変だ。そこで最初は❶~❺を、もしくはそれに概算の❼、❾をつける形で「提案書」とし、クライアントや社内の意思を確認するこ

ともある。
「企画書」「提案書」の定義は企業によって異なる。扱いが違うこともあり、正しい定義があるわけではないので、企業の設定に合わせてほしい。おおよその大枠で言うと、企画書は「アイデアを実現するために必要なすべての項目が書かれていて、企画運営、実務のマニュアルともなるもの」であり、提案書は「対外(社内)的に企画を実施するための方向性、アイデアの内容を提案して、意思を確認するもの」と考えると大きくずれないだろう。提案書を出した後に、修正して企画書を出すということが想定できる。

　提案書で「あなたはおなか空いてない？　イタリアンなんかどう？」と聞いて、相手が「いいね」と言ったら、企画書で「じゃあ、パスタのプッタネスカを食べに行きましょう。予算は1,200円で、これから10分後に」と出すイメージである。最初に「プッタネスカを食べに行かない？」といきなり聞いた場合、相手がパスタの気分じゃないとムダになってしまう。

企画書
ミホンザル

・「背景」「目的」「具体案」「スケジュール」「体制」「予算」「予測効果」などを明記
・実施のマニュアルにもなる「成功の計画書」

提案書
ミホンザル

・「背景」「目的」「具体案」「スケジュール案」「概算予算」などを明記
・実施の検討に使う資料「方向の確認書」

企画書・提案書は企業や業種によって扱いが異なるので、まとめる前に確認する
「具体案」がなく、問題点と方向性だけを確認する「提案書」もある
また実施マニュアルに落とし込んでいなくても「具体案」までの「企画書」も存在する

企画書フォーマット
～1枚企画書(縦型)の例①～

　企画するものによって企画書に必要とされる項目は異なり、形態も変わる。しかし基本項目は、どの企画書でも必要だ。これらを簡潔にまとめた企画書に「1枚企画書」がある。

　これは本番の企画書の前に、社内で打診するときなどに効果的であり、事前確認の目的で作られるケースもある。クライアントへのプレゼンの前に担当者に「方向性の確認」として提出することもある。企業によっては「1枚企画書」を推進し、場合によってはこの企画書だけで事業を動かすこともある。

　1枚企画書の作成は、より長い企画書を作る練習にもなる。具体的にフォーマットの例を出すので、まとめ方の参考にしてほしい。

●タイトル・サブタイトル

　企画の具体的な提案内容を一言で表したもの。言いたいことがたくさんあっても、詰め込んで長くしない。サブタイトルはタイトルで書ききれなかった内容を補完するもの。タイトルだけで完結すれば、サブタイトルはなくてもよい。

●企画背景

　オリエンの内容、業界の市場、依頼企業の現状などを書き込み、なぜこの企画が必要なのかのバックグラウンドを明記する。

●企画目的

　企画に求められる目的を書く。どこまで目指すのか、売上〇％アップ、シェアを〇％上げるなどの具体的な数値があるとよい。

5章 アイデアを「魅せる」まとめ方

タイトル・サブタイトル
タイトルは「短く」「わかりやすく」（20文字以内が好ましい）。サブタイトルはタイトルを補完する役割を持つ

日付・提案者名
提出日と提案者（社名・部署・個人名／グループ名）を明記。右上にまとめて書くのが一般的

企画背景
業界の市場、依頼企業の現状などを明記。問題点を明らかにして目的につなげる

企画目的
提案に求められる目的を明記する。具体的な数値があるとさらによい

タイトル
サブタイトル

年　月　日
所属
氏名

背景

目的

コンセプト [　　　　　　　　　　　]

企画概要

	○月	○月	○月	○月

投資効果

企画書フォーマット
～1枚企画書（縦型）の例②～

●コンセプト

　企画の骨子となる考え方を簡潔に明記。わかりやすく短い言葉で表現できるとよい。良質なイメージを持ってもらうために、英語やスペイン語などを使用する場合も多い。ただし、外国語は意味が広範囲になる傾向があるので、補助的な解説があるとよい。

●企画概要

　企画の具体案（まとめたアイデア）を書く。1枚企画書には多くの案が入り切らないので、具体案1～2案を根拠とともに簡潔にまとめる。大きな画像、イラスト、グラフなどは使いにくいが、できるだけ視覚的な表現を工夫したい。1枚企画書では文字が多くなりがちなので、画像やイラストが入るときれいにまとまる。

●スケジュール

　スケジュールを入れると企画書にリアリティが加わる。具体的な期日を提示することで、企画を進めなくてはいけないという心理効果が働く。なお、無理なスケジュール設定は後で自分の首を絞めるので、余裕を持ったスケジュールを明記すること。

●投資効果・その他

　プロジェクトのメンバー、予算、対費用効果などをまとめる。1枚企画書なので、すべてを明記することは困難である。企画の内容に応じて効果的なもの、クライアントが求めている重要事項を優先的にまとめていくようにしたい。

5章　アイデアを「魅せる」まとめ方

```
┌─────────────────────────────────────────┐
│                              年　月　日  │
│  ┌──────────────────┐                   │
│  │     タイトル      │   所属            │
│  └──────────────────┘   氏名            │
│        サブタイトル                      │
│                                          │
│  ┌────────────────────────────────────┐ │
│  │ 背景                                │ │
│  └────────────────────────────────────┘ │
│                                          │
│  ┌────────────────────────────────────┐ │
│  │ 目的                                │ │
│  └────────────────────────────────────┘ │
│                                          │
│  ┌────────────────────────────────────┐ │
│  │ コンセプト［           ］           │ │
│  └────────────────────────────────────┘ │
│                                          │
│  ┌────────────────────────────────────┐ │
│  │ 企画概要                            │ │
│  │                       ┌─────────┐   │ │
│  │                       │         │   │ │
│  │                       └─────────┘   │ │
│  └────────────────────────────────────┘ │
│                                          │
│  ┌───────────────┐  ┌─────────────────┐ │
│  │ ○月○月○月○月│  │ 投資効果        │ │
│  │               │  │                 │ │
│  │               │  │                 │ │
│  └───────────────┘  └─────────────────┘ │
└─────────────────────────────────────────┘
```

コンセプト
企画の骨子となる考え方を簡潔に明記。1枚企画書では特に設定しない場合もある

スケジュール
無理をしない範囲で組んだ予定を書く。スケジュールがあるだけでリアリティが出る

企画概要
具体案をまとめる。図やグラフなどの視覚的な情報を加えてわかりやすい企画書にする

投資効果・その他
投資効果やプロジェクトメンバーの紹介などをまとめる。情報が多いと企画書の信頼度が増す効果がある

企画書フォーマット
~基本的な企画書(横型)の例①~

　社外の企業に企画書を提出する場合、B4もしくはA4のサイズで横型にまとめるのが一般的である。好まれるサイズは企業や業界によって異なるので、どれがよいとは一概に言えない。

　以前は企画書と言えば大きめのB4、A3で提出するのが基本だった。最近ではA4が好まれており、デザインの提案など視覚的に見せるもののみ、B4やA3で提出する企業が多くなってきている。見栄えよりも実用性、機能性を選ぶ傾向が増しているだろう。

　企画書の中身については、イラストや写真を多用し、派手に演出する傾向もある。ただし、基本項目を押さえていないと「中身がない」と思われてしまう。本質と演出の両輪を持つことこそが企画書に求められているのである。

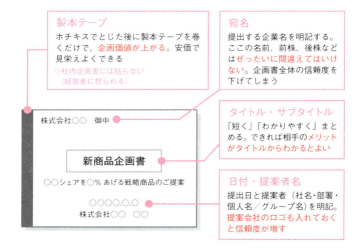

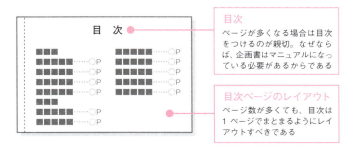

目次
ページが多くなる場合は目次をつけるのが親切。なぜならば、企画書はマニュアルになっている必要があるからである

目次ページのレイアウト
ページ数が多くても、目次は1ページでまとまるようにレイアウトすべきである

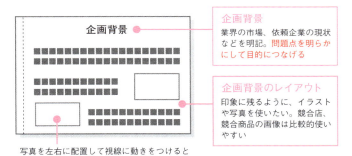

写真を左右に配置して視線に動きをつけると見栄えがよくなる

企画背景
業界の市場、依頼企業の現状などを明記。問題点を明らかにして目的につなげる

企画背景のレイアウト
印象に残るように、イラストや写真を使いたい。競合店、競合商品の画像は比較的使いやすい

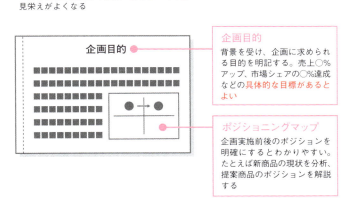

企画目的
背景を受け、企画に求められる目的を明記する。売上○%アップ、市場シェアの○%達成などの具体的な目標があるとよい

ポジショニングマップ
企画実施前後のポジションを明確にするとわかりやすい。たとえば新商品の現状を分析、提案商品のポジションを解説する

企画書フォーマット
~基本的な企画書(横型)の例②~

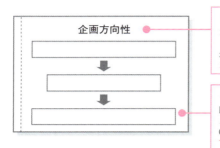

企画方向性
コンセプトを提示する前に背景、目的を受けて企画の方向性を示すのも見せ方。**論理的にコンセプトまで違和感なく導く**

視覚的レイアウト
囲みを使うレイアウトで見せたい。AだからB、BだからCと、**段階ごとに説明することで相手を納得させる**

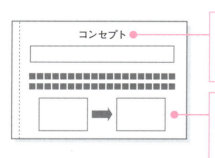

コンセプト
企画の方向性から導いた企画の骨子を簡潔に明記。**キーワードとなる言葉を設定すると**共通イメージが得られやすい

ターゲット層
ターゲットとなる人を仮に設定し、このコンセプトでその人がどう変わるのかを明記してリアリティを出す

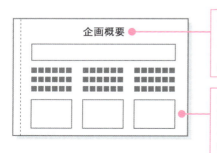

企画概要
企画の具体案をまとめる。説明文だけにならないように図やグラフを使い、**視覚的な情報で説明する**

提案数
内容によって3~6案を提案したい。1ページにまとめてもよいし、1案1ページで説明してもよい。**相手に選ばせる感覚が大事**

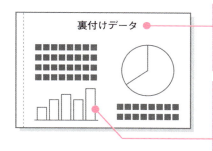

裏付けデータ
提案内容の優位性を示すためにデータを提示。どのようなデータを揃えてどう見せるかがポイントになる

グラフ
データはグラフを活用する方法がある。棒グラフは時間的推移、量の比較。円グラフは構成比、比率の比較。分布状況は散布図を使うとよい

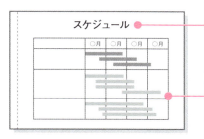

スケジュール
スケジュールは余裕を持って組む。最初に無理をするよりも、後で短縮するほうが印象がよい。納期から逆算して組み立てる

スケジュール表
納期が長い場合、工程数が多い場合は、カレンダー形式より図のような工程表形式がよい。リアリティが出て評価が上がりやすい

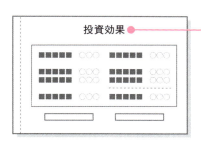

投資効果
企業にとって実行の鍵を握るのは、いくら利益を上げられるかである。予算の総額と推定利益を明記する

その他の記載項目
プロジェクトメンバーのリスト、参考資料などは、必要に応じて記載する

表紙には顔を使う
～表紙の効果的なデザイン／笑顔効果～

　表紙をどうするかというのも悩みどころである。表紙は機能を持っていて、独自の役割がある。まず、

❶提出先（株式会社〇〇御中）
❷タイトル、サブタイトル
❸提出する日付
❹提出者（会社名・部署名・個人名／グループ名）

といった基本情報を伝えるもので、明記する必要があるだろう。以前は製本テープを使ったり、透明シートをつけて他の企画書と差別化をするものが多かった。最近はシンプルな企画書が好まれる傾向にあり、あまり華美なものは見られなくなってきた。

　表紙はその機能的な面が優先されるが故に、❶～❹を書いて終わりというものが多い。表紙は企画書の顔であるにもかかわらず、深く考えない人が多い。これは非常にもったいない。

　心理学的な見地から言うと、お金をかけずにちょっとした工夫でインパクトのある表紙が出来上がる。それは、人の顔写真をうまく使うのである。顔写真と言っても制作者の顔ではない。写真素材サービスなどを利用して笑顔の写真を入れるだけで、全く違った表紙が出来上がる。人に関係する企画ならもちろん、そうでなくても新商品企画（消費者代表のイメージを掲載）、イベント企画（参加者代表のイメージを掲載）など、企画内容と顔に少しでも

関係があれば、積極的に顔写真を使うといいだろう。

なぜだろうか？

これには2つの理由がある。まず、脳にある視覚野には人の顔にだけ反応する細胞があり、顔に対して非常に敏感に反応する。雑誌の多くが表紙に芸能人の顔を使っているのは、顔を入れた表紙にすると「売れる」からである。ついつい気になり、手を伸ばすのだ。人の顔は無意識に興味を喚起する効果がある。人の脳は人の顔が大好きなのである。さらに、人の笑顔には不思議な効果があって、見ている人の気持ちを和らげる。企画内容を見せる前に相手をリラックスさせる効果がある。

複雑に作り込んだ派手な表紙はいらない。企画書の「顔」に過度なメイクはいらない。だが顔写真があるだけで印象がよくなるなら、企画内容によっては入れることを検討してほしい。

表紙に顔があると興味を喚起しやすくなる
人の脳は人の顔が大好き

初頭効果（p.132参照）により全体のイメージがやわらかくなる効果もある
逆にやわらかいイメージが無用な企画書には使わないほうがよい

タイトルは「ショート・インパクト」
～効果的なタイトルのつけ方／初頭効果～

「企画書は中身で勝負、タイトルはあまり関係ない」という認識を持っている人もいる。しかし、それは間違いである。タイトルは企画書にとって重要なものである。なぜならば、企画書提出の際、最初に相手の目に触れる部分だからだ。

人は最初に見たものに影響を受けやすく、最初に感じた印象をその後も持ち続けるという心理特性がある。これを**初頭効果**と呼んでいる。初頭効果は数ある心理効果の中でも、もっとも強いものだ。特に初頭効果は、視覚情報やそれに似たものに強く働くことがわかっている。

タイトルはテキストであるが短く、視覚情報と同じような効果が出やすい。十分に吟味したタイトルを選定したほうがよい。

ただし、あれもこれもと長いタイトルをつけると「この企画書はわけがわからない」という先入観を持たれてしまう。タイトルはわかりやすく短いほうがよい。30文字を超えないように、できれば20文字以内にまとめたい。人は興味がないものに対しては、ややこしいものを進んで理解しようとはしない。

したがって、もっと言いたいことがあるならば、サブタイトルに書いて補完するのがよいだろう。サブタイトルなら多少長くても大丈夫だ。

そしてタイトルは相手のメリットが目立ち、強く訴求できるものがよい。多少大げさでも、タイトルで強くメリットが感じられ

ることで、相手は企画書に興味を持ってくれる。たとえば、「A社カードシステムを活用した販売促進計画とその導入企画書」よりは、端的に「利益を5％上げるカード販売促進企画」としたほうが相手の興味を喚起しやすくなる。そして、企画全体の評価を最初に高めてくれるだろう。インパクトのあるタイトルを考えてほしい。

タイトルと
サブタイトルを
うまく使おう

タイトル
・20文字以内、多くても30文字
・「短い」ほうが印象に残る

サブタイトル
・言いたいことはここで補完
・利益が見えると訴求力が増す

A社カードシステムを活用した
販売促進計画とその導入企画書　← 29文字

利益を5％上げるカード販売促進計画　← 18文字

新カード販売促進計画　← 10文字
利益を5％上げる新システムのご提案　← サブタイトル

文章は「である」で魅せる
~語調と書体で変わる心理効果／印象効果~

　アイデアを魅せるためには、企画書に使う文章の語調にも気を配りたい。「○○という案になります」という「です、ます」調で書くか？　それとも「○○という案である」という「である」調で書くべきか？

　一般的に「です、ます」調は丁寧な印象を相手に与えることができるが、文章が長くなり、変化をつけにくくなる。また、丁寧で自然と読めるかわりに、相手に伝える危機感や緊迫感が弱い。一方、「である」調は明快な印象や力強さを与えることができるかわりに、偉そうな印象を与えてしまうこともある。

　企画書は一般的に「である」調でまとめるのがよい。それは言葉が短くなり、相手の心に響くからである。ただし、冷たく悪い印象を持たれないように気をつけて書くようにしたい。人は「こういうものである」と断定されると不快に感じる心理がある。断定する表現は、あまり乱用しないことである。

「です、ます」調の企画書が悪いわけではない。「です、ます」調で書かれている企画書も多く存在する。こちらからお願いして見ていただく企画資料は「です、ます」調がよいこともある。どちらでまとめるか、最初に戦略的に考える必要がある。
　やってはいけないのは「です、ます」調と「である」調の混在。2つが混ざっていると統一感がなくなりリズムが乱れ、さらに説得力が失われる。実は混在させるテクニックもあるのだが、高度な技なので、企画書初心者は手を出さないほうが無難である。

5章　アイデアを「魅せる」まとめ方

　企画書に使う書体（フォント）は、意外と頭を悩ませる。和文の基本書体には、角張っていて太さが均一の「ゴシック体」と、筆文字のような「とめ、はね、はらい」がある「明朝体」とがある。どちらがよいというものではなく、「機能面」と「イメージ」の視点から、どちらかを選択するとよい。

　機能面に注目すると、ゴシック体はインパクトがあるので、短い文などをアピールするのに向いている。たとえば、プレゼンでスクリーンを使う場合の企画書なら、文字は箇条書きのような形で並ぶので、必然的にゴシック体がよいと言える。また、文字が多い説明文は、明朝体で書くとスッキリと読みやすくなる。

　イメージの視点からは、企業のコンサルティングのような企画書なら、ゴシック体を使うと信頼感を表現できる。また、やさしいイメージを伝えたいならば、明朝体を使うほうがよい。たまに広告用のPOP文字やゴシック体、明朝体が混在している企画書を見るが、それはうるさいのでやめたほうがよい。混在するイメージは心理面で不協和を生み、無意識に企画書の信頼度を下げる。

　また文字の大きさはタイトルに使う場合は14ポイント以上、本文は10ポイント以上を目安に。文字は大きくし過ぎると「安っぽく」なるが「わかりやすく」なる。逆に小さいと「お洒落」であるが「わかりにくく」なる。双方のバランスを考えた大きさを設定する。

明朝体	ゴシック体
・やさしいイメージを出したいとき ・説明文に向いている ・量が多くても黒々しい印象になりにくい	・インパクトを出したいときは太ゴシック ・箇条書きに向いている ・視認性が高いので基本プレゼン向き

ゴシックも太さいろいろ
ゴシックも太さいろいろ
ゴシックも太さいろいろ

魅せる文章は「短い」
～読みやすく理解しやすい文章の長さと漢字含有率～

　企画書に書く文章の「長さ」にも、気を配りたい。文章は、言いたいことをただ書いていくと、どんどん長くなっていく傾向がある。ところが、読み手が理解できる文章の長さには限界がある。企画書に無用な修飾語はいらない。

　人は情報を欲しているとき、多い文章を求める。しかし、あまり興味がないもの、興味があるかどうかわからないものに対しては長い文章を見た瞬間に拒絶する傾向がある。企画書の性質を考えたら、短めな文章を提示して「読んでみてもいいかな」と思わせたほうが読んでもらえる。企画書の文章は短めにまとめる。

　ある調査では、1文の平均が新聞で50文字、週刊誌で平均30文字強程度であると言う。わかりやすく言いたいことをまとめていく習慣をつけ、1つの文章は長くても50文字以下にしたい。

　75文字を超す文章は読みにくいとされる。また読点が3つ以上あるような文章は読みにくい。理想的な1文のボリュームは30～45文字。少し短めにして改行すると読みやすい。

　また日本語には「ひらがな」があり、「カタカナ」があり、「漢字」も存在する。ひらがなばかりの文や漢字ばかりの文章は読みにくいと感じる。小説などの文章ならば、多少漢字が多いほうが読みやすく感じるが、企画書の性質を考えると、漢字の使用を少しだけ抑制するほうが読みやすくなる。漢字が少し多いなという文章で漢字含有率は約40%。企画書は漢字約30%を目標にまとめると、印象がスッキリとするのでよいだろう。

　さらに企画書では外来語、専門用語に「カタカナ」を使う場面

5章 アイデアを「魅せる」まとめ方

も多い。カタカナの平均画数は2.3画。常用漢字の平均画数が約10画なので、はるかに少ない。ひらがな、カタカナ、漢字がバランスよく入っていると読みやすいだけでなく、メリハリがあって見た目も美しくまとまる。これが「魅せる」文章のテクニックである。

1つの文を
短くするほうが
読みやすくなる

子育てする女性と仕事をする女性向け情報コンテンツを考え、特集には女性（ママ）が知っておきたい子どもの健康方法、病気対策、子育てに便利な情報を発信していく予定です。

子育てと仕事を両立する女性向け情報コンテンツを考えました。女性（ママ）が知っておきたい子どもの健康方法を特集します。さらに病気対策、子育てに便利な情報を発信していく予定です。

僕達、見本猿は企画書の練習を繰り返し行っている。外に出掛ける時、食事を取っている時、睡眠時も何時も企画書の事を考えている。

漢字が40％以上あると
読みにくい印象を持たれる
ことがある

僕たちミホンザルは企画書の練習をくりかえしおこなっている。外にでかけるとき、食事をとっているとき、睡眠時も何時も企画書のことを考えている。

漢字が30％以下になると
スッキリと読みやすい。
ただし少なすぎても
いけない

漢字とひらがなは
バランスよく

認知スピードを上げる「ブロック編集」
~文章を視覚化する見せ方／図形化効果~

企画書では相手に伝えたいことがたくさんあり、ついつい文章量が増える傾向がある。ところが文字のあふれた企画書を見た瞬間、読む気が失せる担当者は多い。1つひとつの文章も短めにすべきだが、全体量も減らしたい。

企画書は「読ませる」ことも大事だが、「見せる」ことを考えよう。文章をできるだけ絞って、図形や表にするのがよい。最近は活字離れが著しく、大量の文章を拒絶する人が増えている。できるだけ図形化することで、相手に見てもらえる企画書を作る。そんなときは文章を固まりで書いて、その間に空間を入れる。まるで図形のブロックのように見せるのが効果的である。ポーポー・ポロダクションでは、これをブロック編集と呼んでいる。文章の集合体を図形化すると、いくつかのメリットがある。

文字で埋め尽くされていると
読む気が失せる

小見出しがついて空間ができると
「読んでみたい」という気持ちが増える

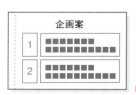

見出しを大きくしたり
文字を視覚化して
ブロックのように見せると
さらに読んでみたいと思わせ
印象に残りやすい

《ブロック編集のメリット》

企画内容の認知スピードが向上する

　短くまとまった文章なら、短い時間で内容を理解できる(理解しようという意欲がわく)。理解度の速さはわかりやすさにつながり、わかりやすさは相手の納得を生む。

自分のイメージを相手に、誤解なく伝えられる

　文章だけでは自分が思い描いているイメージをそのまま伝えるのは難しい。ブロックとブロックの間に、イラストや図を入れることでさらにわかりやすくなる。

印象度が増し、相手の記憶に残りやすい

　図形化した内容はインパクトを持ち、相手への訴求度が高くなる。そして、単純な長い文章よりも記憶に残りやすい。

　ブロック編集によるデメリットも存在する。もっとも大きなデメリットは情報量が減ることである。したがって、すべてをブロック編集する必要はない。うまく使い分けながら、インパクトがあって説得力のある企画書を目指せばよい。

企画書は結論を先に「魅せる」
～クライアントが使いやすい仕組みを作る～

　企画書は「最初に結論を」と言われる。これは理にかなっている。相手の関心が強ければ、ゆっくり説明をして、結論を後回しにしてもよい。しかし相手が企画内容に強い関心を持っていない場合、結論が後にあると、企画書を読んでもらいにくくなる。

　相手が企画にあまり興味がない場合、冒頭の数行を読んで「意味がわからない」と判断し、最後まで読んでくれなくなる危険性がある。人は面倒なことを回避しようと、何かと理由をつけて「しない」ことを正当化するからだ。したがって、伝えたい大事なことは、できるだけプレゼンの冒頭で説明するとよい。

　もちろんダメな結論は最初に見せても最後に見せてもダメだが、アイデアに自信があるなら最初に持ってこよう。企画書の冒頭で「面白そう」と興味を持ってもらえると、初頭効果が働き、好印象が継続しやすい。後の説明もよい印象を持って聞いてくれるようになる。人の集中力が持続する時間は極めて短い。そのためにも最初から相手に集中してもらうことが大事なのである。結論が最初にあると目を奪われる。「魅せられる」企画書になる。

　構造としては、以下のように作る。

> 「結論」→「詳細」
> 「概要」→「細部」

結論を先に言うことで、説明文自体がダラダラと長くなることを防ぐ。企画書はできるだけシンプルに、言いたいことを伝えるものにしたい。

　プレゼンで、最終決定権者に直接説明できればよいが、多くのケースでは、担当者や担当責任者(部長クラス)に説明するだろう。企画書はプレゼンだけで完結するものではない。担当者は後日、別の人(最終決定権者)に説明しなくてはならない。その場合、冒頭に結論が書かれていると、担当者も説明しやすいだろう。それにより、結果的に企画が通りやすくなるということだ。担当者が使いやすいという面を見ても、結論は冒頭に設定したい。

結論が最後にあると

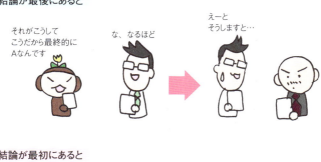

結論が最初にあると

記憶に残る「色」で魅せる色彩戦略
～戦略的な色の使い方／色彩心理～

　企画書の中では、色を使うことがあるだろう。実は色が相手に与える印象は強力なものがあり、多くの場合はイメージと結びつく。

　色が人に与える影響を科学的に研究する心理学のジャンルに**色彩心理学**というものがある。色のメッセージ性を理解して、効果的な色の使い方ができれば、アイデアは輝き、企画書はさらに説得力を増す。色彩心理の視点で、お勧めの6色を解説する。

●赤

　赤はもっとも目を引く誘目性の高い色であり、ついつい目がいってしまう色である。重要な用語を**赤文字**にするように、注目してほしい部分や文字に赤を使うことは広くおこなわれている。他にも赤には「情熱的」「行動的」といったイメージがある。提案内容に応じてうまく使うと、より効果的に伝えられる。

●青

　青は男性にもっとも好かれる色であり、女性の好む色の中でも上位に入る人気色である。世界的にも好まれる色であり、そのため青をコーポレイト・カラーにする企業は多い。青には「冷静な」「信頼感」「安定した」といったイメージがあり、特に信頼感を得たい場合は紺のような濃い青をうまく使うとよい。

●黒

　文字に使われる一般的な基本色。「強い」「厳格な」「フォーマルな」といったイメージがあり、その強さから、面積を大きく使う

と目を引く。黄色と組み合わせると、もっとも遠くから見える色になるので、プロジェクターなどの画面を見せながら説明する場合は、黒の効果を知っておきたい。

●オレンジ

親しみやすく、活動的なイメージの色。にぎやかで楽しくカジュアルな印象もある。赤ほど強くないが、行動を促進する力を持っており、企画書に使うとメリハリが出る。「元気な」「陽気な」「楽しい」というイメージがある。

●黄色

黄色は目立つ色の1つだが、明度(色の明るさ)が高いので、白の背景ではあまり目立たない。黄色は新しいものが好きな人に訴求する色なので、新商品提案などにうまく使うと効果が出る。「陽気な」「愉快な」イメージもある。背景色にする場合は、明度を上げてクリーム色にすると自然となじむ。

●緑

緑は人の気持ちを落ち着かせ、全体の調和を図る効果がある。首都圏では他の地域よりも好む人の割合が多い。「自然な」「平和な」「安全な」といったイメージがあり、淡い緑を背景色にするとやさしいイメージにまとまる。目にもやさしいので、使いやすい。

囲んで作る「説得力」
~強調される情報／囲み効果~

　色の効果を応用すると、さらに相手の印象に残る企画書が作れる。企画書で特に重要なこと、相手に伝えたいことがある場合には、その項目を赤系（赤・オレンジ）の色で囲む。四角で囲まれたものはまとまり、相手に「重要事項」であることを伝えられる。さらに人の目を引きやすい赤系の色を使うことによって、いち早く相手の目に飛び込むという効果もある。

　また、この囲みの色を変えることで、戦略的にターゲットにしている人に訴求する使い方もできる。

○ 赤・オレンジ

　もっとも目に飛び込んでくる色であり、注意を喚起する色である。また、あまり知られていないが、赤やオレンジは、男性より女性が強く反応する色である。先天的に女性は赤に反応しやすい性質があり、さらに後天的に男性よりも赤をよく見ているので、脳の学習効果から赤に反応しやすい。女性に訴えたい情報がある場合、赤やオレンジで囲むとよい。

囲まれた部分に色をつけると
特別な感じが出る
色の種類によって感じる
イメージが異なるよ

○ 青

　赤・オレンジと比較すると訴求効果は弱くなるが、逆に全体との調和を図りながら、重要なことをアピールできる色である。また、男性には青は訴求しやすい色なので、ターゲットが男性だと明確にわかっている場合は青で囲む方法も効果的。

○ 緑

　緑で囲むと、全体と調和を図りながら言いたいことを訴求できる。重要事項は赤系の色が適しているが、緑は付加情報などを自然と書き添える場合に適している。また、緑の面積が増えると、企画書全体がやさしい雰囲気にまとまる。

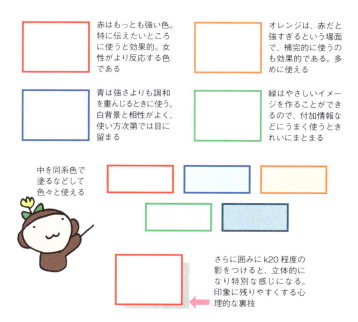

赤はもっとも強い色。特に伝えたいところに使うと効果的。女性がより反応する色である

オレンジは、赤だと強すぎるという場面で、補完的に使うのも効果的である。多めに使える

青は強さよりも調和を重んじるときに使う。白背景と相性がよく、使い方次第では目に留まる

緑はやさしいイメージを作ることができるので、付加情報などにうまく使うときれいにまとまる

中を同系色で塗るなどして色々と使える

さらに囲みにk20程度の影をつけると、立体的になり特別な感じになる。印象に残りやすくする心理的な裏技

通したい案は「左上」
~推す案を通してもらう方法／左視野優先の法則~

人にはある認知傾向がある。それは、**最初に左側にあるものを見て、その影響を受けやすい**というものである。たとえばチラシなどを広げて見る場合、約7割の人は左上を最初に見る。そこから、視点を右側に移し、左下に降り、最後は右下を見る。いわゆる「Z型」に視点は移動するのである。

A案	B案
C案	D案

横書きの紙を見せられると、人は左上を最初に見る傾向がある

したがって、もっとも重要な情報は左上にあるとよい。量販店のチラシなどをよく見ると、そのお店の一番売りたいものは左上に掲載されていることが多い。

なぜ人は左側のものを優先するかというと、様々な説があるのだが、有力なものは2つ。

1つは、日頃の習慣でホームページのようなものは左上からはじまっているので、習慣的にそこに目が行くというもの。しかし、左視野優先の働きは人だけでなく鳥などにも見られる特性であることから、別の説もある。それは右脳の機能が影響しているので

はないかというものだ。左側からの視覚情報は、右脳で処理されている。左脳と右脳の反応速度の違いなど、何か異なった処理システムがあるのかもしれないと言われている。

　商品提案などで紙面を縦横上下に四分割する場合は、自分が押したい商品は下段より上段、右側よりも左側に掲載するのがポイントである。
　ただし注意してほしいのは、どんな場合でも左上にあればよいというものではない点。右から読む新聞、硬貨投入口が右にある自動販売機などは、右側の情報が優先されるので注意してほしい。

　さらにもう1つ。より左上に置いたA案を通したいならば、右下か左下にA⁻案(A案に近く、A案よりも劣っているように見えるもの)を置くとよい。人の判断は比較でおこなわれる。比較物としてわかりやすいものがあると、A案はよりよく見える。これは科学的な戦略方法である。採用される目的ではない捨て案を作り、比較用にしのばせておくのである。

A案いいね

比較される対象物があると
通したい案が選ばれやすくなる

説得は「アンケート」を使え
~多数派の意見は軽く扱えない／アンケート効果~

　よさそうなアイデアが浮かび、自分ではこれを通したいと思っていても、発案者の思いだけでは説得力が足りない。前項のように、通したい案の見せ方を工夫しても、客観的な裏付けが必要だと思われるかもしれない。

　たとえば売れる新商品を開発したいという場合、ニーズがあって、同様の商品が市場にない状況なら、売れる可能性が高い。しかし、企画の決定権を持つ人は、理屈でわかっていても「よし、やろう」と言ってくれないことがある。それはぜったいに失敗しない保証などないからである。人は色々なものを決めたがらない。基本的に責任を持ちたくないと考える心理がある。損をしてもいいという人は少ない。損失回避性が強い人が多いのだ。

　そのため複数の視点から、「間違いない企画です」「これを決定すると御社の利益になります」「さらに企画を主導したあなたのポイントが上がります」ということが伝わらないとなかなか進まない。

　そこで、簡単にできて効果的な方法に「アンケート」がある。アンケートは客観的な評価データとして見られることが多く、一般利用者の生の声として説得力を持つ。しかも、アンケートは設問次第で、最終的な答えをある程度誘導できる。

　たとえば、「便利なもの、欲しいですか」というわりと当たり前の質問をして、「こんな便利なこの商品、欲しいとは思いませんか？」と指定商品を見せると、その商品評価は急激に高まる。この段階的なアンケート形式を巧妙に利用すれば、客観的なデータ

5章 アイデアを「魅せる」まとめ方

として都合のよいデータがそろうことになる。

　たとえば、A案を通したいと思うなら、A案を評価してもらえるような誘導系を作り、アンケートを実施する。企画書にはそのデータを偽りなく載せればよい。A案を1,000人中70％の人が評価して購入を考えたいと答えた、というようにつなげるのである。

　多くの人はアンケートを取って、商品開発や問題点改善に活かそうと考える。しかしそれは科学的に見ると間違っている。評価は設問の仕方でいくらでも変化してしまう。アンケートは客観的データとして社外（社内）の人を説得するために使うものである。企画書の信頼度を上げるには、裏付けるデータが必要である。アンケートを利用すると、説得力あるデータを取りやすい。

```
┌──────────┐
│ アンケート │
└──────────┘
```

✕ 商品開発や改善には基本的に活かせない
・設問の仕方で回答は変化
・正確に実情を反映できない

〇 企画を通すための客観的データとして説得力を加えるもの
・責任者は多数の意見に弱い

アンケートは社内外の人を説得するツールであり、答えを導けるものではない

アンケートよりは、自由に書いてもらうお客様のご意見のほうが、アイデア作りの参考になるね

あえて「デメリットも出す」
～両面呈示と片面呈示～

完璧なアイデアはない。大きなメリットが期待できるかわりにデメリットも存在するはずである。そんな場合はどうするのがよいだろう？　企画書にはよいところだけ書けばよいのか？

メリットだけを説明することを片面呈示（提示）と言い、メリットとデメリットの両方を説明することを両面呈示（提示）と言う。どちらの呈示方法が有効なのかは、聞き手の知的レベルで異なるという心理学の実験結果がある。インテリの相手にはしっかりと両面呈示をして説明したほうが効果的、そうでない相手には片面呈示で押すのがよいと言われている。

両面呈示（提示）
メリットもデメリットも伝える
- 知的な人たちには効果的
- 企画書、企画者に対しての信頼度が上がる
- デメリット対策も説明する

片面呈示（提示）
メリットのみを伝える
- 思慮深くない人たちには効果的
- その場で決まりやすい場所での提案に向く
- デメリット対策はしておく

少しでも業界にいる人ならば、提案したものにデメリットがあることは容易に気がつくはずである。したがって、デメリットや問題点は最初から明記しておく。大きく目立つように書く必要はない。普通に明記しておくのである。

明らかに気がつくデメリットを呈示しない相手に、人は信頼を置かない。企画全体の信頼感も下がる。逆に少し考えればわかるデメリットを最初から呈示すると、他の部分についても隠し事は

ないだろうと、企画全体を信頼してくれる傾向がある。

したがって、作為的にデメリットを利用することもできる。問題は、デメリットを含めてもそれを超えるメリットを示すことができるかなので、デメリットを軽減する施策を用意すればよい。

口頭で説明するチャンスがあるなら、最初にメリットを伝える。そして「ただ、こんなデメリットはあります。でも、それを超えるメリットが大きいのです」と、メリット → デメリット → メリット、というようにまとめたい。

万が一、デメリットを隠して後で発覚した場合は、信頼を大きく損なってしまう。企画書の信頼性は制作者の信頼性である。

「メリット→デメリット」
で止めてしまうと悪いイメージが残りやすい
必ず最後にはメリットを伝えて印象を上げること

これは心理学で言う
「ゲインロス効果」
「親近効果」
「ピークエンド効果」
といったものの力

魅せる企画書チェックリスト
〜これだけは提出前に確認しておきたい〜

- ☑ **オリエン**
- ☐ オリエンの内容を網羅しているか
- ☐ 依頼主の要望に応えているか

- ☐ **背景**
- ☐ アイデアが生まれた背景を論理的に説明できるか
- ☐ 関係する市場や消費者動向をつかんで話ができるか

- ☐ **目的**
- ☐ クライアントと消費者(利用者)の視点に立っているか
- ☐ 方向性はクライアントの経営方針と一致しているか
- ☐ 実現可能な目的か、目的を達成できる説得力はあるか

- ☑ **コンセプト**
- ☐ アイデアの方向性、骨子を簡潔に表現できているか
- ☐ 作り込み過ぎて意味不明になっていないか

- ☐ **アイデアの具体策**
- ☐ 要点がまとまっているか(ムダなページはないか)
- ☐ オリジナリティとリアリティはしっかりあるか
- ☐ 実現できる具体策があり、成功の裏付けがあるか
- ☐ 根拠とデータがあり、実現までのロジックがあるか
- ☐ アイデアをよく見せる表現方法、技術を実践できているか

5章 アイデアを「魅せる」まとめ方

☐ **企画書全体**
☐ 企画書のタイトルはコンパクトにまとまっているか
☐ ページが多い企画書には目次が入っているか
☐ 図やグラフ、写真、イラストなど視覚的にわかりやすいか
☐ 文章は多過ぎないか、詰め込み過ぎていないか
☐ 逆にイラスト、絵ばかりになっていないか

☐ **クライアント**(最終決定権者ではない担当者)
☐ 担当者の立場で考え、わかりやすい表現になっているか
☐ 会社のメリットだけでなく担当者にもメリットがあるか

☐ **まとめ**
☐ 本章p.120で紹介した、企画書に書く必要がある❶〜⓫の項目について主要なものをしっかりと押さえ、ストーリーが描けているか

企画書・提案書の例（1枚企画書）
~社内親睦会の案内／ワード・縦型~

　では、ここまでに紹介した企画書・提案書のまとめ方にそって作成していこう。例を載せておくので参考にしてほしい。

　1枚企画書は社内提案に向いている。社内行事向けに複数枚で書くと「利益を生まないものにコストをかけるな」と怒る経営者もいる。社内行事の提案にはシンプルな企画書で十分である。

［本企画書のポイント］

1. 社内行事のような企画は、特に指定がない限り、時間とコストをかけない1枚企画書のようなシンプルなものがよい。
2. 企画背景に「部署間のコミュニケーション不足の問題」などを設定。目的は「部署間のコミュニケーションの改善、向上」をメインに、「社員の士気高揚」「啓発」などが考えられる。
3. 実際に何をやるかという点は、奇をてらう必要はないが、予算に応じて何か面白いものを企画するとよい。たとえば「仮装パーティ」「ボウリング大会」などが提案できる雰囲気ならば積極的に面白いイベントを提案すべきである。若手も楽しめるように賞品を用意したり「ビンゴ×ボウリング」「部署対抗団体戦」などのゲーム性があってもいい。
4. 会社を動かすためには裏付けデータが必要な場合もある。社員に簡単なアンケートを実施し、社員の希望と企画の内容がマッチしていることを伝える方法もある。
5. 費用概算も重要項目。金額を抑制するための工夫などが盛り込まれていると企画は通りやすくなる（上司に言われたことにして、上司の手柄にしてあげる）。

5章 アイデアを「魅せる」まとめ方

企画背景
新規企画ならば「企画背景」で「なぜ必要なのか？」を明確に。既存企画の内容提案なら時間をかける必要はない

実施時間の設定
就業時間内か時間後なのかは企業の考え方によって異なる。できるだけ業務に影響を与えない配慮をアピール

社内親睦ボウリング大会の提案

〇〇部 〇〇

[企画理由]
　以前から問題視されていた部署間のコミュニケーション不足改善のひとつとして検討。新入社員が各部署に配属されて一定期間が経過していることからも最適な時期だと考えられる。

[目的]
　部署間の円滑なコミュニケーション強化／社員の士気高揚

[実施概要]
実施予定日／第1候補　〇月〇日（〇）／第2候補　〇月〇日（〇）
　　　　　　17:00〜19:00　※現在営業部に打診中
予定会場／〇〇ボウル（〇〇駅徒歩〇分／当社から移動時間約〇分）
内容／
1. 事前に抽選でチームの抽選をおこない10チームに振り分ける。同一部署の人間は極力同じチームに入らないように配慮する。
2. 各チームで投球順を決め、スタートの合図で投球をおこなう。
3. ひとり一球で交代する。ストライクを取らない限り、自分が残したピンを同一のチームの誰かがフォローしてくれる。3ゲームの総合得点で順位をつける。
4. ゲーム終了後、別室で表彰式、商品授与。その後、同一会場で軽食を用意する。

> **ポイント／**一投ごとに交代することでチームとしての連帯感が生まれ、個人競技のボウリングが団体競技になる。このゲームは投球権がひとつのポイントであり、チームで優勝を目指してより効率的な形を相談し改善していくことは、日頃のビジネスにも活かせると思われる。

[予算（費用）]
ゲーム代・会場費	¥100,000
軽食代	¥ 80,000
賞品代	¥ 50,000
合計	¥230,000

予定商品一覧

※現在、ゲーム代・会場費は団体割引が適用されているが、さらに安くならないか交渉中。商品は購入を極力抑えて、取引先に提供依頼中。

重要事項
特に伝えたいことは文字を太字にする、もしくは四角で囲むとよい。メリハリを生み企画書の印象も上がる

金額抑制の工夫
予算の圧縮に努力している姿勢を明記すると、企画が通りやすくなる

裏付けデータの添付
「親睦会が必要なのか？」「なぜボウリングなのか？」の裏付けのために、社員に取ったアンケート結果を添付するのも効果的

企画書・提案書の例（1枚企画書）
～販売促進キャンペーンの企画／パワーポイント縦型～

　次にパワーポイントを用いた来店促進キャンペーンの企画書。この1枚企画書は正式な企画書の前に、上司や担当者に打診する際などに活用できる。いわゆる「プレ企画書」としても使える。なお、パワーポイントはワードと比べると図形を扱いやすく、視覚的な企画書を作りやすい。簡単なもので練習して、自分でアレンジしていくとよい。

［本企画書のポイント］

1. プレ企画書のつもりで、全体的に色みを抑えている。
2. 企画背景で問題点を取り上げ、それを解決する目的を明確にしている。できるだけ具体的な数字を入れる。
3. コンセプトを用いていない代わりに、キャンペーンのテーマを入れている。一言でどんなキャンペーンか伝わるものがよい。「背景」「目的」「コンセプト」の基本項目すべてをいつも入れる必要はなく、ケースに応じて基本項目をベースに臨機応変にアレンジしてほしい。
4. 今回の企画概要は「どんなことをするか」がポイントであり、中央に目立つレイアウトで並べている。企画書を見た瞬間にわかるようなデザインにしてある。
5. 実施スケジュールを明記することで、上司や担当者の意向を聞き出し、早めにスタートを切るように依頼する。
6. 当然、費用対効果が必要。どの程度の費用が見込まれ、どの程度の効果が期待できるのか。ここで「企画目的」との連動が生まれる。

5章 アイデアを「魅せる」まとめ方

企画背景
ここでは危機感を感じてもらうような言い回しが効果的。なぜこの企画が必要なのかをしっかりと伝える

テーマやキャッチコピー
仮の段階からでも、テーマやキャッチコピーがあるとキャンペーンをイメージしてもらいやすい

企画概要（施策説明）
メインである企画の説明は中央で、目立つように配置する。人は左上のものを優先する性質があるので、一番訴えたいものは左上に載せるとよい。逆に一番優先度の低いものは、右下に配置する。もっとインパクトを出すために画像を中央に集めるレイアウトもあるが、視線が中央に集まり、他の部分を読んでもらいにくくなるという欠点もある

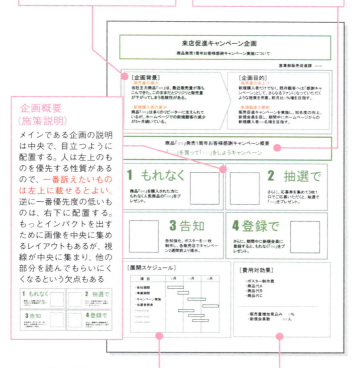

スケジュールの設定
スケジュールを書くことで、企画の可・不可決定の期限を切る。期限がある企画のほうが通りやすい傾向にある

費用対効果
おおまかな投資効果を明記。これを目的の売上○％増、などと具体的に書くことで、新規顧客数との連動が図れる

企画書・提案書の例（1枚企画書）
～新商品企画／パワーポイント横型～

　新商品の企画書は本来、調査やデザイン案作りにとても時間がかかる。ここでは簡易的な企画書として、1枚企画書の新商品企画書のフォーマット例を用意した。社内での調整用、クライアントへの事前提案用として活用してほしい。

[**本企画書のポイント**]

1. 企画背景に関係なく、新商品の企画が決まっている場合は、企画背景や目的などを省略して、最初から提案商品を持ってくるのも1つ。最初にデザインが目に飛び込んでくるので、相手に与える印象は強い。
2. 商品企画では商品自体が企画の優劣を左右する。そのため企画書でも商品の説明に大きなスペースを確保する必要がある。特に類似品が多い商品は、他の商品との差別化を図るポイントを明記したい。
3. ターゲットについては属性を書くだけでなく、どのようなニーズのもとで購入するのか、どのようなものを必要としているのかを付記することがある。
4. 企画書の提出先に女性がいる場合、特に赤系の色を使うと有効に働く。大事なポイントや読んでもらいたい部分に、赤文字や赤い線の囲みを作ると、女性はそこに目がいきやすいという特性がある。

5章 アイデアを「魅せる」まとめ方

企画内容からの説明
企画の種類によっては、企画内容から説明するのもインパクトを生む。人は左上部分を最初に見る傾向があるので、ここに企画提案があると強い印象を与えられる

商品コンセプト
わかりやすく、誰が見てもイメージのわく内容が書かれていること。コンセプトと同時にネーミング案もあると、よりイメージをつかんでもらいやすい

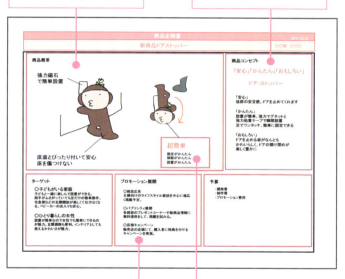

プロモーション展開
商品企画においてプロモーション(販売促進)はとても重要な項目。企画自体が**本質**だとすると、プロモーションは**演出**。本質と演出がうまくかみ合うとものは売れていく

赤い囲み
企画書の中で特に重要なこと、伝えたいことは赤い線で囲むと、視線がそこにいきやすくなる(特に女性)

推敲の勧め
〜人は文字の間違い探しが苦手〜

　企画書は、提出直前までに作ろうなどと考えてはいけない。

　出来上がった企画書を読み返して再検討をして、誤字脱字をチェックして、構成や表現を直すことを「推敲」と言う。この推敲を何度もやることで、企画書作りや文章力が上達する。

　自分の思っていることが、相手にしっかりと伝わるか確認しながら、何度も読み直すのである。推敲は大事な作業だが、企画書作りを苦手にしている人ほど、推敲をしない。苦手なものを頑張って作り上げたのだから、最後の最後に気を抜いてはいけない。必ず最後までチェックする習慣をつけよう。

　自分では誤字脱字を見つけるのには限界があるので、第三者に確認してもらうことも大事である。

　人はなぜ、自分の誤字脱字に気がつけないのだろう？　それは人のある認知特性による。人は文字を読む場合、1つひとつの文字を正確に認知しているのではなく、前後関係から推測するような形を取って、読み進めている。したがって、誤字が1つぐらいあっても、前後関係から問題なく読めてしまうのである。これを**文脈効果**と呼んでいる。この効果はとても強力なので、普通の注意力では見落としてしまうことも多いのだ。できれば、第三者のチェックを受けてから、まとめるようにしたい。

6章

アイデアを「伝える」心理術

第1ステップ	アイデアのタネを集める
第2ステップ	アイデアを「作る」(論理的システム)
第3ステップ	「作る」のをやめる(直感的システム)
第4ステップ	アイデアを「整理する」
第5ステップ	アイデアを「魅せる」
▶ **第6ステップ**	**アイデアを「伝える」**

　最後にアイデアを「伝える」心理術を解説する。せっかくよいアイデアができてもそれがよいものとして相手に伝わらないと意味がない。複数の人の前で説明するプレゼンを想定し、最高の表現で最高のアイデアを伝えよう。

この準備をすれば緊張しない
〜プレゼンへの準備①〜

　アイデアはできた、アイデアをよりよく魅せる企画書もできた。すると最後に、アイデアのよさを相手に理解してもらわないといけない。ところが、説明する日が近づくと緊張するものだ。複数のクライアントが出席する前で発表する、自社でも偉い人の前で話をする、と考えると緊張する。そして自信がなくなってくる。どうにかして、緊張を和らげる方法を考えよう。

　緊張の原因は「失敗を想像してしまうこと」である。端的に言うと体の防衛反応である。何かがあったらすぐに対応しようと体が準備をしているのだ。適度な緊張は、より自分のパフォーマンスを上げることにつながる。しかし過度の緊張状態になると本来の力を発揮できなくなってしまう。ではどうしたらよいだろう？

● 「緊張してはいけない」と思わない

　緊張してくると「緊張するな、緊張するな」と自分に言い聞かせる人がいる。緊張するのは理由があるからで、自分の感情を無理に抑え込もうとすると余計に緊張してしまうという状態を作る。緊張は抑え込むのではなく、失敗を想像できないような「準備」をすることが大事である。

● 時間配分を考える

　次にプレゼンの準備をする。プレゼンでは時間が設定されていることがある。与えられた時間内で説明できるか、最低3回はリハーサルをするべきである。時間を特に設定されていなくても、

ダラダラと長い説明をしてはいけない。適切な時間はプレゼンの内容によっても異なるが、短めの時間で構成する。人が集中して話を聞ける時間は15分程度と言われている。興味があるものについてはさらに長く聞いてもらえるが、相手が「つまらない。長いな」と思ったら残りは「死に時間」。悪影響が急速に増える。

　脳が新しい情報を取り入れてそれを処理することは、真剣に考えることと同じぐらいの疲労を脳に与える。15分を目標にし、長くても30分を超えないように設定したい。十分な時間で満足させるよりも、「もっと聞きたかった」と思わせる。そんな心理テクニックが有効だ。

　最悪なのは、時間配分を間違えて、最後にバタバタと説明すること。信頼感を持ってもらえなくなる。資料を作り込む時間を削ってでもリハーサルをしたほうがよい。リハーサルを重ねたら緊張しなくなってくる。うまくいくイメージを大きくしていくのだ。

緊張してはいけない…
　緊張してはいけない…

このように思うと、余計に緊張してしまうことも。「緊張してはいけない」と思わない

説明の時間配分を考える
20分の場合なら、たとえば

・全体説明 ・背景 ・目的	・方向性 ・コンセプト ・内容	・スケジュール ・メンバー ・実施時期 ・その他 ・質疑応答
5分	10分	5分

緊張しないためには
十分な準備をしたい

この準備をすれば緊張しない
～プレゼンへの準備②～

● **資料1ページあたりの時間**

　スライドで説明する場合、資料1ページあたりにどの程度の時間をかけるべきか、悩む人もいるだろう。以前は、目安として資料1ページあたり2～3分が好ましいと言われていた。

　ところが最近は、やや速い構成が求められていること（テレビでのフリップ活用などによる影響）もあり、1～2分ぐらいで進めるイメージでもよい。この時間から逆算して、プレゼン時間が20分の場合、説明スライドは15～20枚が目安ということになる。

　時間オーバーは厳禁だが、緊張して話をするとだいたい早口になって、予定よりも早く終わる。そこを調整するために、少し枚数を追加するのもよい。

● **着ていく服を用意する**

　プレゼンに着ていく服を準備する。基本的には「紺」「ダークグレー」「黒」などの服がよい。これらの服は発言の信頼度を上げる効果がある。演説では視線を集められるので赤いネクタイがよいが、プレゼンでは落ち着いた色のネクタイがお勧めである。

● **うまくいくイメージを持つ**

「緊張しないように」という否定的な感情で入るのではなく、うまく説明できて称賛されている自分をイメージすることである。

　あなたは科学的なバックグラウンドのある良質のアイデアの作り方を知り、アイデアをよりよい状態で魅せる技術を身につけた。

さらに準備をして、この章で解説する技術を身につければ、失敗をイメージすることもない。「緊張するな」ではなく「大丈夫、うまくいく」とイメージして臨もう。これからあなたが説明する人は敵ではない、そう信じよう。ただ、担当者から「どんな人が来るか」という情報は入手しておきたい。聴衆はどんな人たちで、何を求めているか、相手の興味を知るだけでもかなり違う。

大丈夫、数をこなす経験があなたを救ってくれる。

●**担当者を味方にする**

もっと緊張を和らげ、さらにアイデアを採用してもらう可能性を高めるよい方法がある。それはクライアントの担当者を味方に引き入れること。ではその方法を次項で詳しく解説する。

担当者を「味方に引き入れる」
～根回しと担当者利益を考える～

　資料がまとまったら提出する前に、担当者に事前の説明をさせてもらえないか、お願いをしてみよう。プレゼンの前日ではなく、数日前を設定したい。社内の案件でも、事前に上司や関連部署の誰かに説明できるなら、反応をうかがいたい。

　そこで話を聞けたら、より具体的な対応策が見え、資料の修正や他の準備に時間を使える。こうした根回しはとても大事だ。人には、他人から頼られたいという欲求と、他人から認められたいという欲求がある。利害関係があったとしても、頼られると悪い気持ちはしない。事前にこうした段階を経ていると、担当者は味方になってくれる可能性が高くなる。担当者とは真摯に向き合い、相談があるなら心を開いて色々なことを相談してみるといい。準備が整えばムダな緊張をしなくなる。

　また、担当者が最終決定権者であることは少ないだろう。新しい企画を通すことはあなたには大きなメリットがあるが、担当者には実はあまりメリットがないかもしれない。基本的に何か失敗した場合にはデメリットのほうが大きく、そのため積極的に企画を進めようとはしてくれないケースも多い。

　提案先の企業が「得をすること」と、窓口の担当者が「得をすること」は全く違うと理解してほしい。よいアイデアをぶつけても「それはいい案だ」で止まってしまうことは多い。よいアイデアを通すためには、「御社のメリット」の中に「担当者のメリット」をしのばせておかなくてはならない。よくも悪くもこれが現実である。つまり会社がよくなれば担当者もよくなるのではなく、会社も担

当者も同時によくなる企画にしてこそ、色々なものが動き出す。
　担当者の評価が社内で上がるように、担当者の視点を取り入れ、担当者が上司に説明しやすいような工夫（簡単にわかる見せ方、専門用語をあえて使って解説するなど）をしたい。

- ☑ 担当者との人間関係はできているか
- ☑ 担当者に相談ができているか
- ☑ アイデアについて何度か話ができているか
- ☑ あなたがいなくても担当者が他者に説明できる企画書になっているか
- ☑ 担当者の得になる情報を本人に伝えているか（専門性・他業種・業界情報）
- ☑ 企画書にも担当者の評価が上がる、担当者が得をするようなメリットを入れてあるか
　※よい案を「よい案ですね」で終わらせない仕組みがあるとよい

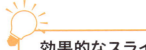

効果的なスライドの準備
～視認性と識別性～

　プレゼンでスライドを使う場合、紙の企画書とは見せ方が異なる。スライド用の資料作りでは、遠くからでも見える視認性と、色の違いがわかる識別性に配慮することが重要である。

●**文字の大きさは28～32ポイント**

　紙の企画書よりも大きく設定する必要がある。A4サイズに設定した場合、文字の大きさは28～32ポイントを基本に、大きくしたり小さくしたりを考えるとよい。

●**ゴシック系の書体を使う**

　遠くからでも見えやすい書体であること、箇条書きが中心になることから、書体はゴシック体を使うとよい。

●**1ページ5～6行が基本**

　行を多く入れ過ぎると遠くから見えなくなってしまう。1ページに入れる行数は6行までにしたい。7行を超えると見えにくくなる。

●**行間を空ける**

　紙の企画書よりも行間を空ける設定にする。行間が狭いと遠くから見にくい。

●**色数は少なめに設定**

　色数が多いと視線が分散してしまう。特にスライドに使う色数

は、3色以下に設定するのがよい。もし複数の色を使わないといけない場合は、赤とオレンジを離して使う、緑と青を離して使うなど、配色が混乱しないようにしたい。地下鉄の案内図はこうした色の識別性を考えて作られている。

●**黒、紺などの明度を落とした背景色には白文字が見やすい**

黒背景に白文字は、遠くからでも見える視認性のよい組み合わせである。これは色の進出色と後退色の差による現象で、進出色の白は後退色の黒の前では浮き上がって見える。明度差を意識したコントラストにしたい。

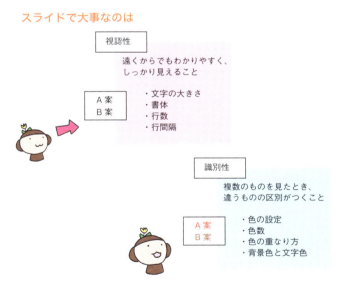

あまり知られていないが、日本人男性の20人に1人は他者と色の見え方が異なる（濃い赤とこげ茶、濃い緑とこげ茶を間違えやすいなど）。色の使い方に注意したい

最初に「あらすじ」、最後に「まとめ」
~効果的な構成で理解を促す~

　事前に準備をしっかり整えられれば、もう9割方、仕事は終わった。戦う前に勝利をつかむのが大事だ。ここまでできていたら、プレゼンに勝ったも同然だが、最後にプレゼンでアイデアをよりよく伝える方法をまとめたい。

　プレゼンの冒頭では「あらすじ」を参加者に伝えることをお勧めする。目次を見せて、プレゼンの流れを説明する。スライドや説明の時間がないなら、「今日は新商品について、3つの案をお持ちしました」といった簡単なものでもいい。全体の流れを最初に見せることで、参加者の心理的な負担を軽減するのが目的である。スケジュールを与えられると人は安心する。安心はリラックスを生む。少しでもリラックスした精神状態で提案するほうが受け入れられやすくなるのだ。

　少人数のプレゼンならば、最初に資料を全部配らないほうがよい。配られると先に見てしまう人が必ずいるからである。少人数のプレゼンならば、1枚1枚配っていく。ところが参加人数が多いプレゼンではそうはいかない。企画書・提案書を最初に配らないと、間が空いて段取りが悪いと思われる。これは避けたい。

　企画書・提案書を最初に配らなくてはいけないとしても、「あらすじ」を提示すると、中身を見たいという気持ちが少しは抑制される。こうした理由からも、最初に全体の「あらすじ」を説明するのがいいだろう。また「ご質問は最後にうかがいます」としておく。途中の質問で相手に主導権を取られると、提案の印象が弱くなり、

6章 アイデアを「伝える」心理術

時間配分が狂って伝わりにくくなるリスクが高まる。

　続いてアイデアが生まれた「背景」、アイデアの「目的」、アイデアの「具体案」と説明していくとよい。「背景」「目的」の説明をどの程度するのかは、プレゼンによって大きく異なる。
「この企画のポイントは、クライアントに現状の問題点を把握してもらうことだ」と思うなら、「背景」を丁寧に説明すべきだろう。逆にたいして必要ないなら、ここに時間を使ってはいけない。プレゼンの主役は「具体案」である。

　そして最後に「まとめ」を簡単に説明したい。

背景
こんな問題点がある。こんな現状だから
↓
目的
ここを目標にします
↓
具体案
だから、この案が必要です

確かにこう論理的に言われるとなるほどと思ってしまう

　このようなロジックを最後に確認することで、参加者は提案が「必要なものだ」と思う。正確には「思い込む」心理が働く。また視覚的な情報や短い表現（見た目、タイトルなど）は、最初に見たものの影響を受けやすい（初頭効果が働く）。言語情報をたくさん聞いた後では、「最後の情報に影響を受ける」ということ（親近効果）が科学的に知られている。

「比較」と「視覚」をうまく使え
~効果的な説明で理解を促す~

　人の基準は「比較」だと説明したが、プレゼンでも参加者に比較してもらうのは大事だ。たとえば、提案するイベントの効果で、
❶「12,000人の来場者が見込めます」
という単なる数字を伝えても、比較するものがないので、聞いた人はよくわからない。
❷「昨年対比で3割増しの12,000人の来場者が見込めます」
　もしくは「○○利用者の約10%にあたる12,000人の来場者が見込めます。口コミによる宣伝効果が期待できます」
と比較物をつけるだけで、数字の持つ意味がよくわかる。

　背景でも目的でも具体案でも、基本的には「比較物」を用意してあげると、その効果の大きさがわかりやすくなる。何と比べるのかも大事になってくる。効果的な比較対象物を設定したい。

　また、少し高度なテクニックだが、比較物がない場合には、相手に比較物を刷り込ませるというテクニックがある。はじめてのイベントで「12,000人の来場者」が多いか少ないのか想像できないという場合、類似するイベントと比較して「12,000人」がいかに多いかということを説明する方法もあるだろう。

　ここでもう1つ、「アンカー」を使うという手もある。企画の「背景」のあたりの説明で、「10,000」という数字が大きいものだと印象づけられる内容を明記しておく。すると効果のところで聞いた「12,000人」という数字はとても大きいものだと印象づけられるのだ。これが行動経済学、経済心理学で語られるアンカー効果であり、最初に見た10,000という数字がアンカー（錨）になり、無意識の判

断基準になるというものだ。そしてこの効果のすごいところは「人」である必要はないこと。10,000という数字が大きいものとして認識されれば「10,000人」である必要はない。静かに浸透する効果なので、悪用はしないでほしい。

アンカー効果は数ある心理効果の中でも強い効果の1つ

また効果的な伝え方として「視覚」を活用すべきである。企画書・提案書にも視覚情報が多いとよいし（派手過ぎて中身がないと思われない範囲で）、プロジェクターを使ったものでも、積極的に視覚情報を入れて理解を促していきたい。

この視覚情報は、説明者自身にもあてはまる。プロジェクターの横で説明するならば、**身振り手振りをうまくまじえて話すことをお勧めする。**身振り手振りは、スライドや企画書・提案書の補完情報として「よいものだ」という印象を与えて、記憶に残りやすい。

提案する内容によって視覚情報（写真・イラスト・グラフなど）が入れられない場合は、文字を視覚情報化してしまおう。数字部分を拡大して図のように見せることも可能だ。とにかく単調にならないように、視覚に訴えるプレゼンにしよう。

「やわらかい断定」が効果的
～伝わりやすい話し方、口調、声～

　プレゼンではどんな話し方をすればよいかも、悩むところだろう。話し方、話すスピード、声の質は、「プレゼンか、セミナーや講演か」で大きく異なる。セミナーや講演では、多彩な話し方が聴衆の興味を引きつけるが、プレゼンではそうはいかない。

　まず話すスピードは「ゆっくり」がよい。話すスピードと印象関係を調べたものによると、「ゆっくり」とした話し方に人は「信頼感」を持ちやすいことがわかっている。プレゼンに信頼性やゆるぎない自信を感じてもらいたい。ゆっくりと話をしよう。

　次に声の高さは低めにするとよい。低い声も信頼感を与えるものだ。高い声で早口の話し方は、率直な意見としてとらえられる一方で、思いつきのような印象を持たれやすい。

　これは子どもの声が高くて早口なことも影響している。子どものような高い声は素直であると同時に論理的に裏付けされたものではないという無意識の判断が入り込みやすい。また人はウソをついているときや後ろめたいことがあると、話すスピードが早くなる。それは早口で相手に考えさせたり、話をさせたりしないためである。無意識にそんなことをイメージさせないように、プレゼンではゆっくりとした低い声を意識して話すのがよい。

　人が聞き取りやすいスピードは1分間に約300文字と言われている。それよりも少しゆっくり、1分間に250～300文字で話したい。

6章 アイデアを「伝える」心理術

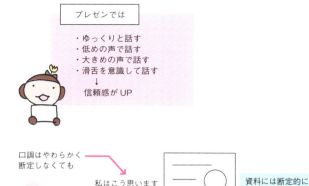

　次に口調である。企画書・提案書では「である」調の断定が好ましいと説明した。ところがプレゼンでそれをやると反発される恐れがある。プレゼンには偉い人も出席している可能性がある。偉い人の多くは、「である」調で何かを勧められると拒絶するのだ。「です、ます」を使って説明したい。

　また偉そうに専門用語を並べてのドヤ顔もよくない。決めつける断定もよくない。偉い人が断定に不快な感情を持ち、結果、企画全体を否定することにもつながる。「私はこう思います」「そうだと思います」といった、やわらかい言い方が対人的なプレゼンでは求められる。ただし企画書・提案書、スライドでは論理的に「そうであること」が確実に示されているわけである。「思います」とやわらかく言っておきながら、実際には「断定」と変わりないのだ。

「繰り返し」と「沈黙」
～リハーサル効果とサイレント効果～

　単調に淡々と説明するプレゼンはよくない。セミナーや講演ならばユーモアを使って笑わせるというテクニックが使えるが、プレゼンで笑わせることは困難だし、そもそも笑わせる必要がない。意識して使いたいのは「繰り返し」と「沈黙」である。

　大事なことをどうしても相手に伝えたいときは、大事な箇所を「繰り返す」ことである。「大事なところですので、もう一度言います」「繰り返しますが」といった枕詞はいらない。言うと意図を深読みされることがある。シンプルに伝えたいところを自然に繰り返して話すのである。すると聞いた相手には、心の深いところで「繰り返し言われたのだから、きっと大事なことなのだ」と刷り込まれる。序章の記憶のところでも説明したが、短期記憶は繰り返されることで長期記憶へと変化していくのだ。

結論部分を自然に繰り返したり、話の中で大事だったところをしばらくしてから繰り返したり、といった方法で、参加者に印象づけたい。

繰り返しの効果

・相手の記憶に残しやすくする

・強調し「大事」と認識してもらう

もう1つ、「沈黙」を使うとプレゼンの大事な部分を印象づけられる。これが大事と思うときにはあえて黙る。間を空けるのである。たたみかけて話をすると、BGMのように耳に伝わってしまうことがある。たとえば「このように多くの人の関心を集められます。だからA案が適しています」と流すように話した場合より、「このように多くの人の関心を集められるのです。……。だからA案が適しているのです」と言うほうが相手に印象づけられる。

さらに、人は沈黙が苦手なので、沈黙すると「何があった？」と顔を上げてくれる。手元の資料ばかり見ている人に、こちらに意識を向けてもらいたい場合も、「こちらを見てください」と言うのではなく、沈黙するのである。

沈黙という間は「強調」としての効果もあるし、こちらに興味を持ってもらうきっかけとしての役割も期待できる。

またプレゼンでは相手に「考えてもらう」というのも大事な役割である。「後で考えてください」ではなく「今、考えてください」なのである。プレゼンをよいと思ってもらえる一番のチャンスは「後で」ではない。プレゼンをしている「今」、この瞬間なのである。参加者に「あぁ、いいね」と思ってもらえるような考える時間を作るのも、テクニックの1つである。

沈黙の効果

・沈黙すると視線が集まる

・考えてもらう間にもなる

・次に発した言葉が強調される

プレゼン中はうなずく人を「厚めに見る」
~戦略的アイキャッチ~

　プレゼン中はどこを見たらいいのだろうか。基本的には参加者の顔をまんべんなく見回す。ずっと手元の資料に目を落として説明したり、プロジェクターの画面を見ながら話をしたりしてはいけない。なぜなら、そうした行為は無意識的に「自信がない」と取られてしまう。姿勢よく胸を張り、参加者全体に対して視線を回すことである。参加者と目が合うというのがとても重要なのだ。頼み事をするとき、目が合うと依頼を受けてもらえる可能性が高まるのは、実験から明らかになっている。プレゼンでは多くの人と目を合わせ、提案を通すチャンスを増やしたい。プレゼンをする人は「役者」でなくてはならない。プレゼンという物語の中で、視線と身振りで提案の素晴らしさを伝えていくのである。

　テクニックとして、参加者の中で2つのグループ、もしくは2人と視線でコミュニケーションを取りたい。1人はもっとも偉いと思える人、最終決定権者の人である。彼らの顔がわかっている場合はその人たち、わからなければプレゼンの前方中央の席に座っている人に、気持ち、視線を多く配ろう。偉い人ほど自分を特別扱いされたい心理がある。「あなたは特別な人だ」と視線を少し多めに配って、その特別感をしっかりと出すのである。ポイントは「少し多め」というところである。偉い人の中には特別扱いされたいのに、露骨にされると拒絶する人がいる。偉い人に視線を配り過ぎると、偉い人からも批判される可能性があり、また担当者や他の出席者は面白くないと思う。これは避け、偉い人には少し「厚め」にし、多くの人と目でコンタクトしていこう。

6章 アイデアを「伝える」心理術

　もう1人、もしくはもう1グループは、あなたのプレゼンを支持してくれるファンである。プレゼンをしていると1人や2人、あなたの説明にうなずく人が出てくる。この人はあなたの説明に納得して、強く共感している人、すなわちファンだ。アイドル業界もプレゼン業界も、ファンを大切にするのは鉄則である。うなずいている人にも「厚め」に視線を配っていきたい。このようなファンとコミュニケーションを取れている感じが、プレゼン全体のよい雰囲気を作る。この2つのグループに加え、さらに担当者と目が合えば完璧である。

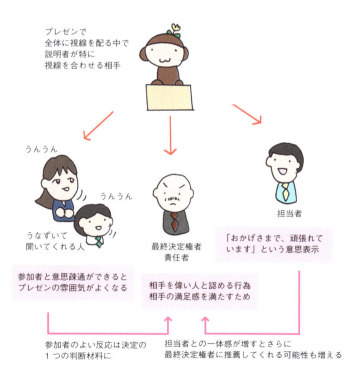

わかりやすさは「捨てる」ことと「つなぐ」こと
～捨ててつなぐことでプレゼンを支配する～

　バブルの頃なら「うまくいくイメージがないけど、面白そうだからやってみよう」「よくわからないけど、試しにやってみようか」と判断されることも多かった。しかし損失回避性の高まった最近の企業では「わかりにくい」ものにはなかなか挑戦できなくなっている。

　プレゼンにおいても「わかりやすさ」は非常に重要視される。ただ本当に「わかりやすくする」というよりは、「わかりやすいイメージ」を作ればよい。わかりやすさは単に表現の話でもない。このイメージを作るには、大きく2つのものが必要だ。

　1つは情報が多過ぎないこと。どうしても資料やプレゼンでは情報が詰め込まれる。これは「せっかく作ったのだから入れたい」という気持ちや「何がひっかかるかわからないから、とりあえず入れる」という心理によるところが大きい。だが、実際は情報が多過ぎることで理解が損なわれ、印象が散漫になり、わかりにくいイメージを作ってしまう。提案書・企画書があるのだから、少なくともプレゼンでは情報を絞ったほうがよい。情報が多くて自分自身がよくわからなくなっているケースもある。端的に言ってしまえば、**「わかりやすさ」とは、情報を「捨てる」ことでもある。**

　もう1つ、本書では何度も言っていることだが、プレゼンに論理的な流れがあることだ。つまり、

> ❶ こんな背景だから
> ❷ こんな目的で 〈Why〉
> ❸ そのためにはこの人たちに対して 〈Who〉
> ❹ こんな方向性のものが必要で 〈What〉
> ❺ だから具体的なアイデアはこれで 〈What〉
> ❻ それには根拠（データ・理論）があり
> ❼ こんなスケジュールで 〈When〉
> ❽ こんなメンバー・体制だから実現でき
> ❾ この予算がかかり 〈How much〉
> ❿ この場所で 〈Where〉
> ⓫ この期間実施する 〈How long〉

という流れができていればよい。この流れで情報が結ばれると、人は納得して（納得したつもりになって）「わかりやすい」と感じてくれる。プレゼンではこうしたことを意識して説明しよう。本書を通して論理的な考え方と組み立て方を学んだあなたなら大丈夫だ。

《わかりやすさを作るポイント》

　(1) 本当に自分が理解しているのか確認する
　(2) 情報を捨てる。不安になって詰め込み過ぎない
　(3) 情報同士を論理的につなぐこと

「情熱」がプレゼンを動かす
~強い感情は人の思考を変える~

　本書ではアイデアの「作り方」「魅せ方」「伝え方」を、経験則ではなく、科学的なアプローチで説明してきた。脳科学における最新の知見や心理学の様々な実験がベースになっている。

　最後に1つ、感情的に聞こえる話をしたい。それはプレゼンを成功に導く鍵は「情熱」であるということだ。ポーポー・ポロダクションは今まで150回以上のプレゼンを実施してきた。企業の問題点の改善、新商品の提案、イベント提案など、業種もエンターテインメント、ファッション、飲食、スポーツ、メーカー、テレビ局、百貨店、医療関係と様々だ。そこでもっとも参加者の反応が顕著だったのは、こちらの「情熱」であると感じている。「この企画を実施したい」「このアイデアを採用してほしい」という熱い思いが会社を動かしたことは少なくなかった。「わかりやすさ」が優先される現代でも、なぜ人は情熱で動くのだろうか？

　感情論と片づけないでほしい。なぜ「情熱」が人を動かすのかにも理由がある。多くの大企業は共通の悩みを抱えていて、組織が大きくなると、社内で情熱を持った提案をしてくる人間が減る。組織が大きくなればなるほどその傾向は強くなる。

　これは個人の問題ではなく、個人の情熱を育まないシステムに原因があるのだから仕方がない。しかし、組織のトップはイエスマンではなく、何かを熱く提案する人を待っている。組織がイエスマンを作り、組織のトップは熱い提案を待っているという矛盾状態なのだ。そんなときに、外部からの情熱ある提案は新鮮に映り、何か企画を動かしたくなる気持ちになるのだ。わかりにくい

提案にはなかなか乗れなくても、熱い提案に心が動く経営者はいる。外部ではなく自社の内部でも、そうした熱い提案ができる人を企業は待っているのだ。

もちろん最初からフルスロットルで熱い説明をしては息苦しくなってしまう。最初は冷静に、次第に情熱を持って話をしていくのがお勧めだ。冷静から情熱に移ると、余計に情熱的なところがクローズアップされる。感情のコントラスト効果をうまく使いたい。「もともと暑苦しいタイプの人間ではないのだが、御社のためにここまで熱くなっている」ということが伝わるとよりよい。

感情をコントロールするという意味でも、説明者は役者にならないといけないのだ。最後のところでは、感情をうまく使ってプレゼンを支配してほしい。

あとがき

　過酷な競争社会の中にいて、学生も社会人も自分を見失いそうになる。自分のよりどころは何か、自分らしさとは何か？　という自分のアイデンティティがどこにあるのかわからなくなってしまう。組織の中に入るとそれは顕著に現れてくる。個性が大事と口では言うが、個性を出すと叩かれる。そうした社会が現代だ。

　でもそういう時代に生きてこそ、生きているからこそ「個性」は必要だと思う。人と違ったことを考えて、人と違ったことを思いついたら、それを自由に表現していこう。何も無理やり変わったことを考える必要はない。自分の思うままに、自由に既存の情報を「足し」「引き」「誇張し」「崩し」、自分なりのアイデアを作ればいい。大きな組織に流されずに自分の

気持ちを表現してほしい。

　この世に「創造の天才」など存在しないのだ。いるとしたら「情報アレンジの天才」だけだ。恐れることはない、技術が身につけばすぐにあなたも近いところに行ける。あなたも必ずできる。よいアイデアが浮かぶだろう。

　本書を読み終えたら、「人のアイデアのマネをするな」と言うことがいかにナンセンスな話かわかっていただけると思う。どんどんマネをするべきなのだ。そのときただマネをするのではなく、自分なりのアレンジを加え、自分なりの形を見つけていけばいい。それが「創造性の正体」である。

　この書籍をきっかけに、色々なアイデア作りに興味を持って「自分ならどうする」と考えてほしい。その習慣によってこの先、アイデアがどんどんわき、あなたの生活が楽しく彩られると著者は信じている。

　アイデアを「作る」ことを楽しみ、
　アイデアを「魅せる」ことに面白みを感じ、
　アイデアを「伝える」ことに気持ちよさを感じてもらいたい。

　　　　　　　　　　　　　　　ポーポー・ポロダクション

《 参 考 文 献 》

『ぜんぶわかる脳の辞典』	坂井建雄、久光 正/監修 (成美堂出版、2011年)
『脳力のしくみ』(ニュートン別冊)	(ニュートンプレス、2014年)
『認知脳科学』	嶋田総太郎/著(コロナ社、2017年)
『脳科学の教科書　神経編』	理化学研究所脳科学総合研究センター/編集 (岩波書店、2011年)
『自己と他者を認識する脳のサーキット』	浅場明莉/著、一戸紀考/監修、市川眞澄/編 (共立出版、2017年)
『脳内研究の最前線　上』	理化学研究所脳科学総合研究センター/編集 (講談社、2007年)
『澤口教授の暮らしに活かせる脳科学講座』	澤口俊之/著(KKロングセラーズ、2001年)
『理系のための口頭発表術』	ロバート・R・H・アンホルト/著、鈴木 炎/訳 (講談社、2008年)
『企画脳』	秋本康/著(PHP研究所、2009年)
『アイデアのつくり方』	ジェームス・W・ヤング/著、今井茂雄/訳 (阪急コミュニケーションズ、1988年)
『スタンフォード式　最高の睡眠』	西野精治/著(サンマーク出版、2017年)
『共感する脳』	有田秀穂/著(PHP研究所、2009年)
『考える力をつくるノート』	茂木健一郎 他/著(講談社、2010年)
『発想の道具箱』	中島孝志/著(青春出版社、2008年)
『しまった!「失敗の心理」を科学する』	ジョゼフ・T・ハリナン/著、栗原百代/訳 (講談社、2010年)
『予想通りに不合理』	ダン・アリエリー/著、熊谷淳子/訳 (早川書房、2008年)
『合理的選択』	イツァーク・ギルボア/著、松井彰彦/訳 (みすず書房、2013年)
『マンガでわかる行動経済学』	ポーポー・ポロダクション/著 (SBクリエイティブ、2014年)
『マンガでわかる色のおもしろ心理学』	ポーポー・ポロダクション 著 (SBクリエイティブ、2006年)

＊他に、多くの論文やサイトを参考にしています。
　また本書の執筆にあたり、複数の医療従事者、脳科学者からアドバイスをいただきました。この場を借りてお礼を申し上げます。

索引

数字・英字

1人ブレインストーミング	80
1枚企画書	122、124、154、156、158
6段階アイデア思考法	19
θ（シータ）波	92

あ

アイデアしりとり	104
アウェアネス効果	98
アンカー効果	172

か

仮説思考	82
カタルシス効果	99
コントラスト効果	48、183

さ

識別性	168
自己成就予言	41
自尊感情	47、59
視認性	135、168
承認欲求	24、72
初頭効果	131、132、140、171
親近効果	171
ステレオタイプ	38
セレンディピティ	102
セロトニン	42、45、90、93
損失回避	36、46、48、118、148、180
尊重欲求	24

た

短期記憶	28、92、176
長期記憶	28、176
ドーパミン	40、42、47、90

な

なぜなぜ分析	78
ノルアドレナリン	90

は

ハロー効果	52、59
ピグマリオン効果	51
フレームワーク	60、74、88
文脈効果	160
ホーソン効果	50
保有効果	59

ま

メモ	32、69、80、92、96、102
メラトニン	90

ら

羅生門効果	39
リハーサル	30、33、162、176
ロジックツリー	84

わ

ワーキングメモリ	28

マンガでわかる 行動経済学

いつも同じ店で食事をしてしまうのは？
なぜギャンブラーは自信満々なのか？

自分では冷静かつ理論的に行動しているつもりでも、実は感情的に動いていて、知らず知らずのうちに財布のヒモをほどいていることがあります。本書では感情的に動く経済の話、行動経済学について具体的な事例を多数紹介しながら、マンガでわかりやすく解説します。損をしたくないヒト、必見です!!

序章　行動経済学とは？
第1章　不思議な経済心理
第2章　合理的な判断を阻害するシステム
第3章　私たちはなんでも「比較」し、そして「マネ」をしたがる
第4章　投資とギャンブルの行動経済
第5章　行動経済学を応用した戦略

デザインを科学する
人はなぜその色や形に惹かれるのか？

よいデザイン、悪いデザイン、かっこいいデザイン、どこからがかわいくて、どこからがかわいくないのか？　人はモノの色や形をどのように認知・判断するのか？　色型人間、形型人間とは？　人が無意識で行うイメージ化とは？　そして、人がもっとも好む究極のデザインとは？　デザインの秘密と法則にするどく迫る1冊!

マンガでわかる ゲーム理論
なぜ上司は仕事をサボるのか？
近所トラブルはどうして悪化するのか？

ゲーム理論は経済だけでなく、国際問題から会社や学校の問題、就活や婚活、ご近所問題に家庭円満の秘訣など、さまざまな問題の構造を理解するのに役立ち、解決の糸口を見いだしてくれます。本書ではこれらの具体的な事例を複数紹介しながら、ゲーム理論の基本構造、そしてゲームの解き方を、マンガでわかりやすく解説していきます。

マンガでわかる 心理学

座席の端に座りたがるのは?
幼いころの記憶がないのは?

マンガでわかる 人間関係の心理学

人と会うのが好きになる!
悩みがフッと軽くなる

マンガでわかる 色のおもしろ心理学

青い車は事故が多い?
子供に見せるとよい色とは?

マンガでわかる 色のおもしろ心理学2

青い色で簡単ダイエット?
関西人が派手なわけは?

サイエンス・アイ新書 発刊のことば

「科学の世紀」の羅針盤

　20世紀に生まれた広域ネットワークとコンピュータサイエンスによって、科学技術は目を見張るほど発展し、高度情報化社会が訪れました。いまや科学は私たちの暮らしに身近なものとなり、それなくしては成り立たないほど強い影響力を持っているといえるでしょう。

　『サイエンス・アイ新書』は、この「科学の世紀」と呼ぶにふさわしい21世紀の羅針盤を目指して創刊しました。情報通信と科学分野における革新的な発明や発見を誰にでも理解できるように、基本の原理や仕組みのところから図解を交えてわかりやすく解説します。科学技術に関心のある高校生や大学生、社会人にとって、サイエンス・アイ新書は科学的な視点で物事をとらえる機会になるだけでなく、論理的な思考法を学ぶ機会にもなることでしょう。もちろん、宇宙の歴史から生物の遺伝子の働きまで、複雑な自然科学の謎も単純な法則で明快に理解できるようになります。

　一般教養を高めることはもちろん、科学の世界へ飛び立つためのガイドとしてサイエンス・アイ新書シリーズを役立てていただければ、それに勝る喜びはありません。21世紀を賢く生きるための科学の力をサイエンス・アイ新書で培っていただけると信じています。

2006年10月

※サイエンス・アイ (Science i) は、21世紀の科学を支える情報 (Information)、
知識 (Intelligence)、革新 (Innovation) を表現する「 i 」からネーミングされています。

サイエンス・アイ新書
SIS-396

http://sciencei.sbcr.jp/

アイデアの科学
この1冊で、ひらめきや発想から
企画書、説得まで「論理的に」解決

2018年1月25日　初版第1刷発行

著　者　ポーポー・ポロダクション
発行者　小川　淳
発行所　SBクリエイティブ株式会社
　　　　〒106-0032　東京都港区六本木2-4-5
　　　　電話：03-5549-1201（営業部）
装丁・組版　クニメディア株式会社
印刷・製本　株式会社シナノ パブリッシング プレス

乱丁・落丁本が万一ございましたら、小社営業部まで着払いにてご送付ください。送料小社負担にてお取り替えいたします。本書の内容の一部あるいは全部を無断で複写（コピー）することは、かたくお断りいたします。本書の内容に関するご質問等は、小社科学書籍編集部まで必ず書面にてご連絡いただきますようお願いいたします。

©ポーポー・ポロダクション　2018 Printed in Japan　ISBN 978-4-7973-9141-1